Spectorama

W0330813

Du même auteur

- *La Loi des Séries* (Bernard Barrault, 1987)
- *M. Pokora – De l'autre côté de la scène – Confidences* (Hugo Image, 2017)
- *Portfolio Claude François* (Prisma éditions, 2018)
- *Johnny toute une vie* (Hugo Publishing, 2022)

Collectif

- *Destination Danger* (Huitième Art, 1991)
- *Brion Gysin : 23* (Paris Musée, 1993)
- *Les 70's, The Book* (Vade Retro, 1994)
- *Les grandes séries américaines de 1970 à nos jours* (Huitième Art, 1995)
- *Polars en série* (Prisma, 2014)
- *VSD – 40 ans d'aventure* (Le Chêne, 2017)

Collection Encre Rock dirigée par Marc Dolisi
Maquette : Bruno Vergnas

Tous droits de reproduction, de traduction et d'adaptation réservés pour tous pays, 2024.
© Éditions Erick Bonnier, 2024

EAN : 9782367603223

François Julien

Spectorama

roman

Service de Presse

encre ROCK

ERICKBONNIER

Pour Hugo et Pierrot. Et Christian.

"I used to be a king
And everything around me turned to gold
I thought I had everything
And now I'm left without a hand to hold"

I Used to Be a King • Graham Nash

It's a Blue World • The Four Freshmen

Benjamin

En débouchant sur Myrtle, Rizzoli remonta le col de sa veste et, sans trop se mouiller, dit à Cody : ''*Dis-donc, ça souffle depuis Brooklyn Heights. C'est vivifiant*''. Chaque matin que Dieu fait ou presque, du moins, chaque matin où il est de ronde avec Rizzoli, Cody doit se farcir les mêmes et bêtes platitudes sur le vent du large et les avantages de vivre au bord de l'océan. Rizzoli ne put s'empêcher d'ajouter comme il le fait une fois sur deux ''*en tout cas, c'est pas demain la veille qu'on va passer les uniformes d'été*''. Nous sommes le 24 avril 1949, il est à peine 9 heures du matin, et, effectivement, le thermomètre affiche un petit 8° C quand les deux flics du 79 Precinct arrivent sur Myrtle Avenue, cette interminable artère qui part du chantier naval de Brooklyn pour aller se perdre dans le Queens, soit 13 kilomètres – ''*C'est presque Broadway*'', la ramène encore le poulet qui vient de fêter ses vingt-cinq ans – quand son collègue en affiche dix-sept de plus. En continuant vers Nostrand, un clochard les accoste : ''*Vous d'vriez aller voir la bagnole, un peu plus loin sur l'autre trottoir : j'crois pas tellement aux histoires de combustion spontanée, mais c'te bagnole, on dirait un autocuiseur sur le point de péter. Et qu'est-ce que ça pue ! Moi, je change de quartier*''. De l'autre côté de Myrtle, à une centaine de mètres, une Ford Sedan noire est effectivement stationnée et comme sujette à un tremblement. Comme si elle était sur le point de démarrer. En s'approchant plus encore, Cody et Rizzoli constatent la forte odeur de gaz d'échappement qui émane du véhicule et plus précisément *de l'intérieur* du véhicule ; l'habitacle est opaque de nauséabondes fumées, on n'y distingue rien. En contournant la Ford, Coty remarque un tuyau de caoutchouc comme ceux utilisés pour l'arrosage des salades, un tuyau fiché sur l'extrémité du pot d'échappement et dont l'autre bout est coincé entre la vitre arrière droite et le montant de la portière. Nul besoin d'avoir fait West Point pour comprendre qu'ils ont affaire à un suicide. La suite est aussi rapide que vaine : tuyau arraché, vitre brisée à coups de matraque et constat sans appel : derrière le volant, un homme replet vire déjà au gris ; un homme sans doute qui vient de perdre la vie. Lorsqu'ils l'extraient du véhicule, les deux flics manquent de suffoquer tant l'odeur est mortellement écœurante – Rizzoli ne peut s'empêcher de dégueuler les œufs au plat de son petit-déjeuner sur les pompes cirées comme deux miroirs de Cody. Par chance, à l'instant où le jeune flic éponge les chaussures de son collègue, une Plymouth du 79 Precinct se gare à leurs côtés. "*Alors les gars, une petite gâterie de si bon matin ?*", plaisante Turner, amusé par l'image de Rizzoli penché sur Cody, avant de découvrir le corps asphyxié. Illico, il prévient par radio le central qui fait envoyer une ambulance. À la place du mort, si l'on peut dire, une carte professionnelle renseigne l'identité du suicidé : un certain Benjamin Spector, 46 ans, monteur de charpentes métalliques et résident dans le Bronx. L'heure du décès sera établie à 8 h 05 et pour la cause qu'on imagine –"*Empoisonnement au monoxyde de carbone*".

Au même moment très exactement mais quelque vingt-trois kilomètres plus au nord, un jeune garçon et sa grande sœur partent pour l'école. Comme tous les matins de la semaine, ils dormaient encore lorsque leur père est sorti travailler et il y a toutes les chances pour qu'ils soient déjà couchés lorsqu'il reviendra ce soir, à la nuit tombée. Harvey Phillip a neuf ans – Shirley, sa sœur, quatre de plus – et il n'a encore qu'une idole : ce père absent pour la bonne cause, ce père qui certains dimanches après-midi les emmène sa mère, sa sœur et lui sur Coney Island ou à Rockaway Beach, histoire de donner un peu de couleurs aux joues pâles du gamin bien trop chétif à son goût. "*Allez hop, en voiture tout le monde !*", claironne Ben Spector, heureux d'enfourner toute sa petite famille dans la belle Ford Sedan avec laquelle ils sont même partis se chauffer au soleil de Floride, l'été dernier. "*C'est facile*, avait-il prévenu *: on prend la US1 sur Webster Avenue et on se laisse descendre jusqu'à Miami. Et inversement pour le chemin de retour*". Cela s'était déroulé exactement comme ça ; sans le moindre accroc, comme dans un rêve car Ben est un as du volant.

"*Mon père est le meilleur conducteur du monde*", se persuade le jeune Spector. Benjamin – Ben – Spector, s'avère surtout très secret. Pourtant jovial et amateur de bonne chère, il parle peu de son travail et encore plus rarement de ses origines. Il est arrivé en Amérique en juin 1913 dans le maigre bagage de ses parents, et ce, depuis Hambourg. Il a alors dix ou onze ans, nul ne le sait, pas même lui, de toute façon, ce que sont venus chercher ces juifs d'Ukraine, c'est une nouvelle vie. En arrivant à Ellis Island, ils ont été sommés d'américaniser leurs noms si ce n'est leurs coutumes et c'est ainsi que les Spektus devinrent Spector, et que Baruch fut renommé Benjamin. C'est exactement le même périple qu'a suivi la famille de Bertha, la future maman de Harvey Spector, quelques mois auparavant à la différence près que le bateau qui les mena vers la terre promise appareilla de Liverpool et non d'Allemagne – un vapeur de la White Star Line, compagnie qui deviendra bientôt indélébilement liée à la pire tragédie maritime du XXe siècle avec le naufrage du RMS Titanic lors de sa traversée inaugurale. Le nom de famille de Bertha ? Spektor, qu'un zélé fonctionnaire de l'immigration transforma d'un coup de plume en Spector – ce qui, bien des années plus tard, fera naître le doute dans l'esprit de Phil Spector : "*Et si mes parents avaient été cousins germains ? Et si génétiquement, cela avait pu avoir une incidence sur ma santé mentale ?*" Pour l'instant, en cette fin des années 1940, sa mère s'évertue à le prénommer Harvey – ce qui agace profondément le jeune Spector.

Dans l'après-midi de ce 24 avril 1949, Phil rentre de l'école en traînant des pieds. Comme d'habitude, il y a eu deux heures de sport après le déjeuner et comme d'habitude, il a été nul. Il n'a ni l'envie ni le physique et au-delà, il déteste ça. Mis à part des joues qui lui donnent des allures de hamster anémié, il n'est pas bien développé et plutôt court sur pattes. Et sans doute trop couvé par cette mama juive qui surjoue l'inquiétude à la moindre petite toux, au plus petit pet de travers – il traverse de fréquentes crises d'asthme. Alors oui, elle le cajole, le surprotège, trouve toujours une excellente excuse pour l'empêcher de traîner avec les autres gamins et refuse catégoriquement qu'il fasse venir des camarades dans la petite maison de briques dont ils occupent un des deux étages sur Manor Avenue, dans le quartier de Soundview, Bronx. Il apprend la solitude, s'intéresse à la petite guitare que son père gratte de temps en temps en fin de semaine. Ça lui plaît la musique, à Phillip, et pour ça au moins, il peut se dire gâté : femme au foyer, sa mère écoute la radio du matin au soir et son père l'emmène parfois au Radio City Hall – pour l'encore enfant , une authentique cathédrale plantée sur la 6ème Avenue. La musique délivrée par les soixante membres de l'orchestre frappe ses jeunes oreilles avec une force inouïe mais chaque instrument pourtant s'y entend avec clarté grâce sans doute à l'inclinaison des murs de la salle et leur géniale disposition en cercles concentriques. On est littéralement face à une vague sonore gigantesque, un vrai mur du son. C'est Paul Claudel entendant le *Magnificat* "*près du second pilier à l'entrée du chœur à droite*" ; une illumination, une révélation. Phillip Spector est proprement subjugué – il saura s'en souvenir. Rien que pour lui avoir fait partager cette expérience sensorielle, pour l'avoir en quelque sorte "initié", Harvey Phillip Spector vouera toute son existence un culte absolu à son géniteur, Benjamin dit Ben.

Même si elle a appris par la police la mort de son époux le jour même avant midi, Bertha Spector se garde bien de le raconter aux deux enfants. "*Harvey !* braille-t-elle le soir même, *va ranger les outils de jardinage que vous avez utilisés avec ton père, dimanche dernier*". Comme d'innombrables petits immeubles à un étage de ce coin de la ville, le 1027 Manor Avenue abrite, à l'arrière, un carré de jardin où dimanche en effet, Ben et son fils ont fait des semis, carottes et coriandre notamment, indispensables pour préparer le *tsimes*. Ce n'est pas une cuisinière d'exception mais c'est une femme d'ordre et elle peste de voir encore traîner râteau et pelles. Harvey Phillip s'exécute, mollement et, sous les fils où sèchent leurs sous-vêtements, ramasse les outils lorsqu'il s'aperçoit que le tuyau d'arrosage est manquant. "*Je demanderai ce soir à ton père*", lâche Bertha, s'étonnant elle-même de sa réponse. C'est incroyable tout de même d'avancer ça crûment à un enfant dont elle sait pertinemment que le père est parti de bon matin avec un bout de tuyau d'arrosage pour se suicider devant les bureaux de son patron. Demain seulement, elle leur dira, demain seulement, la police rendra le corps ; demain auront lieu la veillée funéraire et tous ces rites que Bertha aimerait réduire le plus possible ; demain elle leur mentira : "*Votre père a eu un accident de voiture. Un très grave accident. Il est mort*". Et vendredi, veille de shabbat, Harvey Phillip Spector posera sur son crâne cette kippa qu'il ne porte à peu près jamais, histoire d'accompagner dans les règles ce père adoré.

Pour le médecin qui l'a examiné, le suicide de Ben Spector ne fait aucun doute, ce même si les candidats au grand saut par absorption massive de monoxyde de carbone préfèrent presque toujours le feutré d'un garage clos à l'exposition sur la voie publique ; résultat garanti. Côté enquête, la chose a été assez rondement menée, Bertha, la veuve semblant totalement ignorer ce qui a pu pousser son mari à se foutre en l'air. Une autre femme ? Allons donc ! Des dettes de jeu ? Non, Ben Spector semble n'avoir jamais été attiré par les cartes, les chevaux ou la course de lévriers. Un diabète incontrôlable ? Une certaine tendance à l'embonpoint, certes, mais... Un cancer généralisé ? Guère probable. Sinon, pas de relations suspectes, aucun cadavre dans les placards. Un bon citoyen, jamais fiché pour activités "anti-américaines" par le HUAC (*House Un-American Activities Commitee*). Un Juif qui ne mange pas de porc mais ne fréquente pas bien souvent la synagogue et envoie ses deux enfants à l'école publique. Un père tranquille.

Lorsqu'il apprend la disparition de son père, Harvey Phillip est dévasté. Et d'abord, il n'y croit pas : un accident de la circulation à 6 h 30 du matin, en se rendant à son travail, lui, le meilleur conducteur du monde ? Pour lui, rien ne sera comme avant, plus rien. On pourrait imaginer que le jeune garçon prend alors conscience du rôle qui va être le sien, de mâle de la famille, mais il n'en sera rien.

Le lendemain, Benjamin Spector est inhumé au cimetière Beth David, à Long Island, loin, loin de Manor Avenue. Ils sont une grosse poignée autour de l'excavation pratiquée à la hâte comme pour tous les enterrements hébraïques : Bertha et ses enfants, les parents de Bertha, des tantes et cousins chez qui parfois on va déjeuner, plus deux ou trois couples de voisins et amis que Phillip reconnaît à peine tant il est troublé. Le soir, leur appartement de Manor Avenue lui semble bien plus sombre qu'il ne lui est jamais apparu. Il range sa kippa et sait pertinemment qu'il ne dira pas le kaddish comme un bon garçon juif doit le faire pour son père défunt chaque jour pendant un an. Il va dépérir petit à petit. D'abord, il perd ces joues qui le rattachaient encore à l'enfance. Ensuite, il ne quitte plus sa chambre que pour l'école, les repas et les westerns qu'il dévore assidument : il a fait sienne la guitare de Ben sur laquelle il s'applique à accompagner les succès diffusés sans relâche à la radio : *Mona Lisa* et *Unforgettable* par Nat King Cole ou le générique du *Troisième Homme* dont il parvient à reproduire note pour note la cithare d'Anton Karas avec la six cordes paternelle ; il est doué, franchement doué et même Bertha le reconnaît, elle qui n'est pas très généreuse en compliments le concernant – "*c'est mon fils*", consent-elle à ceux qui demandent d'où vient cette jolie musique. Mais ce sont surtout les chanteuses qu'il apprécie. Comme Patti Page (*Tennesse Waltz*) ou Dina Shore (*My Heart Cries For You*) même s'il sent confusément qu'on pourrait leur offrir un plus bel écrin que ces pleurnicheries orchestrales. Enfin, tout en haut de son petit panthéon personnel, il y a les Four Aces (*Heart and Soul*) ou les bien plus impressionnants et jazzy Four Freshmen (*It's a Blue World* : ahurissant) dont il choppe toutes les subtilités harmoniques et retient les sublimes compositions vocales qui impressionneront tellement l'art de Brian Wilson et des Beach Boys – et qui pour l'heure font naître des étoiles dans les yeux du gamin qu'est encore Harvey Phillip Spector. Depuis la disparition de son père, le temps évolue à un rythme encore inconnu de lui : très lent dans la journée, beaucoup trop rapidement le soir venu, interminable à l'échelle d'une année, ridiculement furtif à celle d'un week-end.

Voilà maintenant plus de trois ans que Benjamin Spector repose sous terre – et son âme, là où vous espérez la trouver. Voilà maintenant plus de trois ans que l'appartement de Manor Avenue est triste comme une mauvaise pièce de boulevard ; les portes n'arrêtent plus de claquer : à dix-sept ans, Shirley s'est entichée d'un marin qu'elle a juré vouloir suivre jusqu'au bout du monde... pour rappliquer quelques mois plus tard comme si de rien n'était. La maman de Bertha est morte et le veuf passe de plus en plus de temps à la maison. Un évènement seul semble s'être durablement imprimé dans le cerveau du jeune Spector : l'érection de la stèle sur la tombe de Ben, un an pile après sa disparition : un parallélépipède rectangle de pierre, très simple comme le veut la coutume hébraïque, avec pour toute inscription et de haut en bas :

"LA GRÂCE DE DIEU EST UNE BÉNÉDICTION
POUR LES PEUPLES"
(en hébreu)

Ben
Spector
20 avril 1949
PÈRE – MARI
"TO KNOW HIM
WAS TO LOVE HIM"

Une phrase qui via un subtil changement de temps deviendra le titre de son premier tube – nous n'en sommes pas encore là. Pas tout à fait. Patience. Car en 1953, Bertha pète un plomb. Vite, changer d'air, changer d'atmosphère, ainsi que sa famille ne cesse de le faire depuis un siècle : l'immémoriale Russie pour commencer, Paris ensuite où elle est née, l'Angleterre dans la foulée, New York enfin et maintenant… Bertha décide d'emmener tout le monde en Californie, là où l'herbe est plus verte, le soleil moins feignant et où les oranges poussent sur les becs de gaz et sont grosses comme des ballons de basket ; l'Eldorado à moins de cinq mille kilomètres ? Va pour la transhumance. Au moment où la famille Spector pose ses maigres valises à Los Angeles et où le jeune Philip a l'impression de rôtir sous le soleil de plomb, Ethel et Julius Rosenberg grillent littéralement, eux, sur la chaise électrique de la prison de Sing Sing. Les 2 200 volts qu'on leur envoie font monter leur température corporelle à plus de 100 degrés, leur sang entre en ébullition, leurs cheveux s'enflamment et ils meurent, pour avoir été accusés d'intelligence avec l'URSS. C'est la Guerre froide.

Hawaii n'étant pas encore rattaché aux États-Unis – l'archipel le sera six ans plus tard –, est-il un État américain qui corresponde aussi peu à ce que ressemble et ce à quoi aspire Harvey Phillip Spector en 1953 que la Californie ? La plage, le surf, l'hédonisme à tous crins ? Et ce foutu soleil qui lui pique les yeux et agace sa peau de lait, non vraiment, la Californie semble parfaitement contre indiquée pour l'ado introverti dont la croissance elle-même semble à bout de souffle – il ne dépassera jamais les cent soixante-cinq centimètres. Et c'est pourtant là, dans l'environnement le plus théoriquement hostile pour un petit Juif du Bronx, c'est là, entre Fairfax et Hollywood, là qu'Harvey le chétif, le chéri à sa maman va devenir le grand, l'immense Phil Spector, le prodige des disques microsillon, le Mozart de la chambre d'écho ; une légende. Sur le papier et si l'on met de côté ce foutu soleil et ces cons de palmiers, ce qui n'est guère aisé même avec ces *shades* qu'il commence à arborer, rien n'a pourtant vraiment changé : Bertha et les enfants ont emménagé sur Spaulding Avenue, entre Melrose et Santa Monica Boulevard, au cœur même du quartier juif, avec les mêmes synagogues et delicatessens que dans le Bronx. Harvey Phillip fréquente d'abord la John Burroughs Junior High School, puis la Fairfax High School, à quatre pâtés de maison de chez lui, et là comme à New York, il peine à faire son trou : trop malingre, trop timide et trop rongé par les remords ; avant de partir pour la Californie en effet, Bertha a lâché le morceau à sa progéniture. Non, leur père n'est pas mort dans un accident de voiture, il s'est suicidé. Centre de leur propre monde, les enfants ont toujours tendance à se sentir coupables : c'est à cause de moi qu'il s'est supprimé. Le jeune Spector en a fait son idée fixe : il est le seul responsable de la mort de Benjamin. Il est triste, limite lugubre et ça ne participe évidemment pas à lui décerner le prix d'"*élève le plus populaire du lycée*".

Déjà envisagé dans la grisaille new-yorkaise, Spector possède pourtant une arme secrète, un piège à fille, un joujou extra : la musique. À la guitare surtout, mais aussi à l'accordéon, le jeune homme se fait la main dans mariages et bar mitzvah. Pour l'orchestre de l'école, il se met au cor d'harmonie mais s'avère d'instinct très capable avec n'importe quel instrument de musique. À la maison, il passe ses soirées et ses week-ends à tricoter inlassablement sur les succès du moment, des acrobaties vocales des Chordettes (*Mr. Sandman* l'impressionne beaucoup) aux premiers hoquètements de ce qu'Alan Freed vient tout juste de baptiser le rock'n'roll. Et ce, qu'il soit noir (*Ain't That a Shame* de Fats Domino) ou blanc (*That's All Right* par Elvis Presley). Mais techniquement, ce n'est pas encore assez et Phil Spector prend des cours à droite à gauche pour perfectionner son jeu de guitare. Il a découvert Barney Kessel dans l'orchestre d'Ella Fitzgerald et c'est décidé, il sera guitariste de jazz. Chance : Spector convainc Kessel de devenir son prof, lequel va lui distiller de précieux conseils à commencer par celui-ci, plutôt surprenant dans la bouche de ce géant de la guitare be-bop : "*Te cantonne pas au jazz, fiston, le jazz est mort*". Désormais armé d'une Gibson ES-350 sunburst, la même que son héros Kessel (dont il a punaisé des photos au-dessus de son lit), Spector réalise des progrès colossaux – surtout lorsque, au grand dam de Madame Spector, il s'enferme dans la salle de bains pour faire ses gammes, "*car le son est génial : ça résonne d'enfer !*" Son jeu impressionne, ses doigts filent sur le manche à toute allure. Son jeu impressionne, oui, et les filles commencent à la regarder autrement... Il a désormais une petite amie – Donna Kass – et c'est inouï la façon dont une guitare sous le bras gauche et une nénette au bras droit vous changent un homme. Lui procurent une certaine confiance. Un ou deux verres de petite bière aidant, l'avorton d'hier joue parfois même les bagarreurs... mais ne convainc pas grand monde. Et comprend que c'est la musique et la musique seule qui peut lui sauver la mise. Avec Marshall Leib, un pote de lycée, ils remportent un télécrochet de la chaîne télé KTLA en reprenant *In the Still of the Night*, le tube doo-wop des Five Satins. Oui, la musique, c'est la solution. Dans la foulée, il stoppe net ses études secondaires.

Nous sommes au printemps 1957. Phil Spector n'a pas dix-huit ans.

To Know Him is to Love Him • The Teddy Bears

FIDEL

Bien sûr, bien sûr, l'accélération du tempo qu'Elvis imposa à *That's All Right* entre deux prises, le 5 juillet 1954, juste comme ça, pour rigoler, aura posé les bases du rockabilly et plus généralement du rock'n'roll – tous les historiens de la chose sont d'accord là-dessus. Pourtant, la sortie sur les écrans exactement trois ans plus tard de *Loving You* s'avère d'une importance tout aussi capitale et peut-être même davantage. Deuxième long-métrage de Presley – et premier film qu'il porte réellement sur ses épaules –, *Loving You* a influencé au moins autant de monde. De ce côté-ci de l'Atlantique, par exemple, Hervé Fornieri y a piqué son nom de guerre (Deke Rivers devenant Dick Rivers) et Johnny Hallyday s'y est découvert une passion pour le rock'n'roll (et le cinéma) qui jamais ne se démentira- c'est en sortant d'une séance d'*Amour frénétique* (*Loving You* en VF) qu'il a troqué sa guitare classique contre une six-cordes électrique. Sous le soleil californien, *Let Me Be Your Teddy Bear*, le single tiré de la bande-son, va même inspirer son nom au groupe de Phil Spector, celui qui va lui offrir son premier triomphe : *To Know Him Is To Love Him.* The Teddy Bears ? Les Ours en Peluche.

Quelques mois plus tôt, lorsqu'il s'échappe du lycée de Fairfax, pourtant, Spector tente un pas de deux sans grand rapport avec la musique qui l'anime et va faire sa fortune : le droit – spécialité : sténographie judiciaire. Et c'est ainsi qu'il découvre l'atmosphère des tribunaux et les rouages de la justice américaine, assistant notamment à une des toutes dernières séances en appel de Caryl Chessman – qui finira dans la chambre à gaz, en 1960, non sans avoir prononcé "*c'est ok, c'est ok, je suis bien ficelé*" alors que déjà les émanations de cyanure se frayent un chemin dans son système respiratoire. Spector est fasciné mais ne fera pas carrière dans le droit : dans le secret de sa petite chambre et sur le carrelage de la salle de bains, il a bricolé une demi-douzaine de chansons qu'il aimerait bien frotter aux réalités d'un studio d'enregistrement. Sur les conseils de Barney Kessel, ce seront les studios Gold Star, à l'angle de Santa Monica et de Vine Street, soit à une quarantaine de minutes à pied depuis l'appartement des Spector, sur Spaulding. D'extérieur, avec sa devanture de salon de coiffure, ses fenêtres condamnées et sa volée de tuiles façon hacienda, les studios Gold Star ne paient pas de mine et pourtant c'est là qu'a été enregistré un des tubes de cette année 1958, *Tequila*, l'unique succès des Champs, et rien que pour ça… Lorsqu'il pénètre dans les locaux, Spector ne peut s'empêcher de lâcher un "*mais, c'est un clapier…*" dans l'oreille de Marshall Leib qui l'accompagne. C'est en effet minuscule, le studio principal, le A, mesurant sept mètres cinquante par dix. C'est là que s'entassent un batteur, une gamine qui claque des mains, un bassiste électrique (et binoclard) et celui qui s'avère être le chanteur de la petite bande mais qui joue aussi de la guitare – Eddie Cochran. La chanson qu'ils répètent raconte la rébellion (bien sage) d'un adolescent contre ses parents, son patron et même son député, concluant, amer, que *Sometimes I wonder what I'm gonna do/'Cause there ain't no cure for the summertime blues* (*Parfois je me demande ce que je vais faire/Parce qu'il n'y a pas de remède pour le blues de l'été*). Tapi dans l'ombre, Spector ne perd pas une miette de ce qu'il voit, de ce qu'il entend, et ce qu'il entend l'épate : comment ce groupe maigrelet peut-il sonner si puissamment dans ce faux cube bas de plafond et dont la moquette est constellée de brûlures de cigarettes ? "*C'est l'écho, mec, l'écho...*", lui glisse Cochran entre deux prises. "*L'écho, mec... tu m'en diras tant...*"

Les studios Gold Star sont l'œuvre de deux copains qui ont mélangé les lettres de leur patronyme respectif pour arriver au nom définitif – Dave GOLD et STAn Ross. L'endroit donc ne paie vraiment pas de mine, comparé aux grosses structures appartenant aux maisons de disques d'envergure nationale, mais l'exiguïté des lieux leur confère un caractère unique qu'Eddie Cochran a parfaitement saisi : Gold Star dispose de deux méga chambres d'échos conçues et bricolées par Dave Gold lui-même. Deux monstres de forme trapézoïdale situés derrière le studio A et isolés par une impressionnante chappe de béton.

— Vous me feriez visiter ? tente Phil Spector.

— Ok, petit, lâche Stan Ross, mais baisse la tête.

Phil Spector pénètre dans l'étonnante caisse de résonance et, du haut de ses dix-huit ans, comprend instantanément ce qu'il va pouvoir en tirer : la réverbération est celle d'une cathédrale – c'est un peu autre chose que la salle de bains familiale. Mais pour cela, il faut encore pouvoir louer les studios, quinze dollars de l'heure (mettons trois heures, soit quarante-cinq dollars) auxquels convient d'ajouter le prix de la bande magnétique (cinq dollars), pas une fortune mais une somme néanmoins très au-dessus de ses maigres moyens. Dans un premier temps, Spector tente d'embobiner Stan Ross, arguant du fait qu'ils sont tous deux des anciens du lycée de Fairfax :

— Fairfax, ça fait de nous des presque frères, non ? s'emballe Spector.

— De vagues cousins, si l'on veut, le sèche Ross.

— De toute façon, Stanley, écoutez-moi : j'ai deux ou trois tubes tout prêts, deux numéros 1 qui ne demandent qu'à être mis en boîte, garanti. En somme, c'est pas tellement un prêt que je vous demande, ce serait plutôt une association ; avec moi, vous pouvez être sûr non seulement de revoir votre argent mais surtout de le voir multiplier par cent ou par mille ; garanti !

— Écoute petit, t'es bien gentil, mais les combines façon coopérative, c'est pas le genre de la maison. Débrouille-toi pour trouver un beau billet de cinquante et reviens-nous voir pour qu'on les enregistre tes tubes en plaqué or !

Intraitable Stan Ross… Rangeant momentanément son orgueil, Phil Spector fait le tour des popotes, avançant toujours les mêmes arguments (“*J'ai deux tubes tout prêts, garantis* !"), glanant dollar après dollar les cinquante billets nécessaires à l'accomplissement de ce premier rêve. Dix balles à maman assez emballée par la tournure que prennent les choses pour son fiston, dix de plus du vieux pote Marshall Leib, cinq du grand-père et, plus étonnant, dix de la part d'Annette Kleinbard, la meilleure amie de sa fiancée, Donna, que Spector a eu tôt fait de convaincre – elle rêve de devenir artiste :

— Si tu me prêtes ces dix dollars, tu pourras chanter sur notre premier disque, garanti.

Annette est une jolie brune piquante qui possède de surcroît une voix agréable si ce n'est originale mais plus important, elle chante juste. Et puis, elle est parvenue à réunir les dix dollars demandés, quêtés par ce drôle de Phillip Spector. Manquent les derniers quinze dollars... qu'un pote de Leib, Harvey Goldstein, étudiant au Los Angeles City College, procure à condition lui aussi de pouvoir chanter sur le disque.

— Garanti, mec ! lui assure Spector qui une heure plus tard pénètre au Gold Star les billets à la main.

— Stanley, voilà les cinquante billets, comme convenu. Quand pouvez-vous nous caler trois heures ?

Rendez-vous est pris pour le mardi 20 mai 1958, juste le temps pour Spector de faire répéter ce groupe qui n'a pas encore de nom : Leib, Goldstein, Kleinbard et Spector lui-même qui dirige la chose en s'accompagnant soit au piano, soit à la guitare. C'est d'abord et surtout *Don't You Worry My Little Pet*, un mélange de rock toutes guitares en avant et de doo wop, une chanson sur laquelle son auteur est prêt à miser le tout pour le tout. Et c'est *Don't You Worry My Little Pet* qu'ils vont effectivement mettre en boîte ce mardi après-midi. Le maigre personnel du studio est bluffé par l'assurance du jeune Spector qui mène son petit monde à la baguette et semble parfaitement à l'aise dans cet environnement. Il déplace les micros, joue de la console comme de tous les instruments, dirige les harmonies, étouffe la grosse caisse, bref fait montre d'un savoir-faire inouï pour un débutant. À la fin de l'après-midi, dans la cabine de contrôle, le résultat pourtant n'est pas à la hauteur de ses espérances. *Don't You Worry My Little Pet*? Une scie qui tourne, tourne et tourne… mais ne va nulle part.

— Il nous aurait fallu une demi-heure de plus, enrage-t-il.

Mais il n'a pas les quinze dollars nécessaires. Juste cette foutue bande magnétique qui va pourtant lui permettre de décrocher son premier contrat. Comme une carte de visite sonore avec laquelle il commence à faire le tour des labels et maisons de disques de Los Angeles. Pendant des jours, il arpente les boulevards, sonne aux portes, parvient presque toujours à obtenir un rendez-vous où il fait écouter sur d'épaisses moquettes *Don't You Worry*… en boucle avant qu'on lui demande gentiment de dégager et qu'on lui écrira… peut-être… un jour. Et puis, et puis, l'inouï se produit ; nous sommes début juin, une poignée d'heures après que RCA a présenté à une presse guère enthousiaste la première version de ce qui deviendra la mini-cassette, et c'est avec sa démo de bien plus grosse taille qu'il entre dans les bureaux de Doré, un modeste et tout nouveau label créé par deux cousins germains : un ancien de Liberty Records, Herb Newman, et l'ex-présentateur d'un show télé à New York, Lew Bedell. Contre toute attente, la chanson leur plaît – plus exactement, Bedell et Newman sentent d'instinct que le gamin d'un mètre soixante-cinq a du potentiel.

— C'est intéressant, jeune homme, assure Newman, un brin brouillon mais c'est intéressant. Vous auriez d'autres chansons en réserve ?

— Des tubes, garanti !

Et le 3 juillet, Marshall Leib, Harvey Goldstein, Annette Kleinbard et Phil Spector signent un tout premier contrat.

— Et au fait, quel est le nom de votre groupe ? s'enquiert Bedell.

Pris de court, Spector bafouille :

— Heu… les… les…

— Les Teddy Bears ! claironne Annette Kleinbard qui a fredonné le tube de Presley avant de partir pour ce rendez-vous avec l'Histoire.

— Excellent ça, les Teddy Bears ! se félicite Newman qui appose son paraphe d'autorité au bas du contrat. Avec ce bout de papier, vous pouvez retourner en studio pour enregistrer vos trois autres tubes en puissance.

Harvey Goldstein parti sous les drapeaux, c'est en trio que les Teddy Bears pénètrent à nouveau au Gold Star – avec Bedell et Newman en embuscade pour vérifier qu'ils ont misé sur le bon cheval. Au programme du jour, la mise en boite d'une face B pour *Don't Worry…* soit *Wonderful Lovable You*, une bluette que le groupe ne parvient pas à maîtriser tant Spector hésite sur la place des micros, le bon tempo à emprunter, la sonorité de sa guitare ou la puissance de l'écho. Plus de ci, moins de ça… La session vire à la catastrophe mais le jeune homme n'a pas dit son dernier mot. Deux jours plus tard, nouvelle séance de studio, nouvelle tentative de caler *Wonderful Lovable You* et nouvel échec. Bedell et Newman commencent à s'arracher les cheveux mais Spector les convainc d'essayer une autre chanson, ce *To Know Him Is To Love Him* qui lui trotte par la tête depuis des mois. Et c'est un véritable miracle : en une heure à peine, *To Know Him…* trouve sa forme définitive, une mélopée plaintive portée par la jolie voix d'Annette Kleinbard qui pense, comme tous ceux qui vont la découvrir, qu'il s'agit d'une chansonnette adolescente sur l'amour impossible ("*un jour, il verra qu'il est fait pour moi*") quand Spector, on le sait, n'a fait que conjuguer au présent l'épitaphe gravée sur la stèle de son père suicidé. La guitare de Phil et le chœur doow-wop qu'il bidouille avec Marshall Leib – A*nd I do, yes I do, yes I do* (*and I do, and I, and I do, and I, and I do, and I, and I do, and I*) – offrent à la chose son écrin délicat. C'est un chef-d'œuvre instantané qui passe pourtant complètement à côté des oreilles des deux producteurs.

— C'est pas mal, tente de se rassurer Newman, ça fera une bonne face B pour *Don't You Worry*...

Sous référence Doré 503, le single est pressé à cinq cents exemplaires dont l'un des tout premiers sortis des presses est offert par Phil à sa maman, Bertha.

— J'ai toujours cru en toi, ça va être un énorme succès, augure Madame Spector mère.

Elle ne croit pas si bien dire mais elle va tout de même devoir faire preuve d'un petit peu de patience. Car naturellement, la face A n'enthousiasme guère les récipiendaires de la petite galette, ce *Don't You Worry My Little Pet* qui tourne sur lui-même mais ne parvient toujours pas à se décider de la direction à prendre : rock'n'roll pur ? doo wop édulcoré ? l'inverse ? Le disque est unanimement boudé par les radios et rejoint l'Himalaya des singles recalés, les milliers de chansons oubliées de l'histoire de la musique populaire. Spector en est sûr : la vraie perle, le tube potentiel se trouve en face B mais comment convaincre les DJ's de retourner le disque ? En glissant un billet dans chaque pochette ? La petite structure de Bedell et Newman n'autorise pas un tel investissement, on peut s'en douter. Alors, Annette Kleinbard sort son va-tout : avec une dizaine de copains, elle va littéralement harceler tous les disc jockeys du pays dont elle trouve le numéro de téléphone afin qu'ils retournent le disque et donnent enfin sa chance à la face B. Et ça fonctionne... au-delà de ses espérances. On commence à entendre *To Know Him*... sur des stations émettant depuis des bleds aussi exotiques et éloignés de Los Angeles que Boulder (Colorado), Fargo (Dakota du Nord), Minneapolis (Minnesota), Des Moines (Iowa), Boise (Idaho) ou Tacoma (Washington). Le titre fait ainsi son entrée dans le classement du Billboard, une entrée discrète mais une entrée tout de même – quatre-vingt-huitième place –, loin, très loin même du *Volare* (*Nel blu dipinto di blu*) par Domenico Modugno, mais la chose ne demande qu'à grimper et le 1er décembre, alléluia ! *To Know Him Is To Love Him* décroche la timbale : NUMÉRO 1 ! Phil Spector est numéro 1, trois semaines avant de fêter ses dix-neuf ans, le 26 décembre 1958 – autant préciser que sa tête enfle démesurément et qu'il n'entend plus se faire marcher sur les pieds.

À plus de trois mille cinq cents kilomètres de là, Fulgencio Batista abandonne précipitamment la présidence de la république et s'enfuit de Cuba la queue basse mais les poches pleines (on parlera de quarante millions de dollars) à bord d'un DC-4, laissant l'île à la guérilla castriste. Vous vous demandez ce que l'histoire contemporaine cubaine vient faire dans l'itinéraire de Phil Spector ? Ne bougez pas, vous l'allez voir.

Au début de 1959, l'ascension de *To Know Him Is To Love Him* est fulgurante – celle de Castro aussi. Ainsi, début avril, il s'en est vendu un million quatre cent mille exemplaires ! Et naturellement, Phil Spector et les deux autres Teddy Bears aimeraient bien voir la couleur de l'argent mais en relisant le contrat signé à la va-vite quelques mois plus tôt, ils se rendent compte qu'ils se sont fait avoir dans les grandes largeurs : il est en effet stipulé qu'ils touchent 3 % du prix de vente au détail de chaque 45 tours, soit… Un cent et demi à diviser par quatre – car même s'il ne chante pas sur le disque, Harvey Goldstein a lui aussi droit à sa part du gâteau. Soit encore vingt mille dollars et donc cinq mille deux cent cinquante dollars chacun ; une misère ou pas loin. Oui mais voilà : ils ont signé, c'est inscrit là, noir sur blanc, alors circulez, il n'y a rien à voir. Rien à réclamer. Juste à continuer de suivre bien gentiment les consignes de la paire Bedell-Newman. Comme s'acquitter de mini-tournées promotionnelles, sur la côte Est notamment. Voilà comment les trois Teddy Bears se retrouvent à New York et voilà comment Phil Spector va rencontrer le Lider Maximo – on vous l'avait promis – qu'on n'appelle alors encore qu'El Commandante, Fidel Castro.

Quatre mois après avoir pris de force le pouvoir à Cuba, Fidel Castro s'offre lui aussi une petite tournée promotionnelle à New York ; Washington ayant immédiatement reconnu le gouvernement qu'il a formé à la hâte aux premières heures de l'année 1959, Castro est reçu comme une superstar. Des foules immenses l'acclament, il est partout photographié, du zoo du Bronx aux rues du Queens où le summum de la Fidelmania – et du ridicule – est atteint lorsqu'il distribue des casquettes militaires vert olive à une demi-douzaine de gamins portant des fausses barbes ou qu'il signe des autographes en veux-tu en voilà sans se départir de son *battle-dress* et d'un de ses très aromatiques *gran coronas* (cigares de plus de quinze centimètres de longueur) – sans oublier cette jeune femme qui se pâme à la télévision d'un définitif "*Fidel est ce qui est arrivé de mieux aux femmes nord-américaines depuis Rudolf Valentino* !". Sans déconner.

En ce joli mois d'avril, donc, Castro est arrivé depuis Cuba via Miami à bord du Silver Star à Pennsylvania Station où l'attendait une foule considérable et il a fallu près d'une demi-heure pour que la police parvienne à lui faire parcourir en limousine la centaine de mètres séparant la gare de l'Hôtel Pennsylvania où il a choisi de descendre – le bonhomme connaît bien la ville pour s'y être déjà arrêté, en 1948 et en 1955, et en être, paradoxe des paradoxes, tombé raide dingue. Cinq jours durant, El Commandante va participer à des conférences de presse, répondre aux journalistes dans un anglais plutôt maîtrisé et tenter mais en vain de rencontrer le président Eisenhower qui a préféré botter en touche en s'en allant jouer au golf le temps d'un week-end très prolongé.

Après leur passage au Perry Como Show début janvier, les Teddy Bears ont été l'objet de centaines de lettres réclamant leur retour à l'antenne dans l'émission du crooner. Trois mois plus tard, les revoilà donc à New York dans les studios CBS de Grand Central. Leurs costumes sont trop grands, la robe d'Annette trop serrée, la lumière trop intense et la pression à son comble mais après tout, c'est le seul moyen d'augmenter les ventes de leur unique tube et les voilà qui remettent ça devant les caméras : *To know know know him is to love love love him.* Le plus petit des trois, Phil Spector, sue abondamment car il pense déjà au futur et ne se voit pas continuer à faire des *choubidou-ouah* derrière cette cruche d'Annette... et pour des clopinettes de surcroît.

— C'était *Know Him Is To Love Him* par les fantastiques Teddy Bears !

Après un démaquillage rapide dans les loges, les trois Teddy Bears retrouvent les rues de Manhattan et c'est à pied qu'ils rejoignent l'Hôtel Pennsylvania où on leur a généreusement réservé... deux chambres. Une pour Annette et une pour les deux garçons, une chambre double mais tout de même... Choc : une foule dense et piaillante poireaute sous les colonnes ioniques du grand hôtel.

— On dirait bien que c'est la gloire, avance Harvey Goldstein en réajustant son nœud papillon.

Pourtant, à mesure qu'ils approchent, pas un cri, pas un regard, pas le moindre mouvement en leur direction et c'est sans le moindre accroc qu'ils pénètrent dans le hall. Au concierge à qui ils demandent ce qu'attendent tous ces gens massés devant l'hôtel, les trois Teddy Bears entendent un nom qu'ils n'ont authentiquement jamais entendu :

—C'est Fidel Castro, le nouveau patron de Cuba.

Voilà : ils ont beau avoir vendu plus d'un million de disques en un trimestre, personne ne se soucie d'eux, nul ne les reconnaît, tandis qu'on déroule le tapis rouge pour un guérillero probablement sanguinaire. Ça dépasse l'entendement. Mais voilà qu'arrive ce dernier justement, à grandes enjambées, dépassant tout le monde de ses cent quatre-vingt-onze centimètres, souriant, hâbleur et foutrement charismatique, il s'engouffre dans l'ascenseur où nos trois Teddy Bears se font tout petits. Castro est là, entouré de quatre hommes de main/gardes du corps, va savoir, tous pareillement vêtus de tenues de combat… plutôt hétéroclites sous les ors de l'Hôtel Pennsylvanie.

— *Hola compadres* ! *Quiénes sois* ? lance-t-il dans un nuage nauséabond de son cigare.

— *Somos los Osos de Peluche*, tente Annette qui a quelques notions d'espagnol. *Somos cantantes.*

— *Muy bien* ! Et qu'est-ce que vous allez me chanter mes nouveaux amis chanteurs ?

— Justement, Monsieur Castro, improvise Spector, excité comme un pou, je viens d'écrire une petite chanson en votre honneur : *To Know Him is To Love Him…*

— Ce qui fait quelque chose comme "*Conocerle es amarle*", précise Annette.

— *Three, four…*

"To know know know him is to love love love him
Just to see him smile, makes my life worthwhile…"

— Venez avec moi : vous finirez cet hymne dans ma suite ! Vamos, il y a de l'excellent rhum cubain et une caisse de vodka soviétique que m'a fait parvenir le camarade Khrouchtchev pour notre victoire sur ce porc de Batista !

Deux heures durant, Spector et ses Ours en peluche, pardon, ses Osos de Peluche, enchaînent a capella les versions de *To Know Him...* dont le refrain est chaque fois salué par un toast bruyant "*Hasta La victoria Siempre* !"

— *Compadres,* lance Castro d'un ton solennel comme s'il s'adressait aux Nations Unies. Le premier devoir de tout révolutionnaire est de dire la vérité. Or, la vérité, mes nouveaux compagnons, est que rien n'aurait été possible à Cuba sans la jeunesse cubaine !

— *Hasta la Victoria Siempre* ! lance un Phil Spector que le rhum commence à émoustiller.

— Et, ce que je vois en vous, continue Castro qui s'est levé, c'est la jeunesse américaine dans ce qu'elle a de plus pur, de plus *verdad*. Vous êtes la future Amérique, celle qui regardera Cuba comme une sœur et non plus comme une putain ! *Salud* !

— *Salud* !

— J'aime les jeunes gens de votre trempe qui n'ont pas tremblé pour s'adresser à nous, continue El Commandante. À titre honorifique, je vous nomme *primer tenientes* !

— C'est trop, bredouillent les deux Teddy Bears mâles.

— Vous aussi jeune fille, je vous fais réserviste au sein du valeureux peloton Mariana Grajalda que nous avons créé en 1958. *Salud* !

Fidel Castro remplit les verres à ras bord, pour Spector et ses camarades, la suite d'hôtel commence à tanguer dangereusement et si on leur présentait un formulaire à signer, tous trois deviendraient membres du CPUSA, le parti communiste américain. Mais Spector, dans sa soulographie, n'a plus d'yeux que pour les revolvers qu'arborent sans aucun complexe les guerilleros, leur conférant une indéniable autorité sur le reste du monde. Des hommes respectés.

— C'est ça qu'il me faut, songe-t-il. C'est ça qu'il me faut...

Et c'est fin souls que les Teddy Bears regagnent leurs chambres respectives, chacun coiffé d'une casquette vert olive qui ne les empêchera pas d'accuser au réveil une sérieuse gueule de bois. "*Viva la revolución*!" Malgré un cerveau noyé de *ron extra anejo*, Phil Spector a pris sa décision : c'est dans la suite de Fidel Castro que sa carrière de chanteur vient de se terminer.

Désormais, il ne se consacrera plus qu'à faire chanter les autres, à créer des tubes de toutes pièces, tel un démiurge des studios d'enregistrement – un être de l'ombre, le plus important d'entre eux.

Le plus grand.

Et le plus respecté.

Spanish Harlem • Ben E. King

ELVIS

Parlez-moi de votre père ; quelles étaient vos relations lorsque vous étiez enfant ?

Ça doit faire pas loin d'une demi-heure qu'il est allongé sur ce canapé merdique et Phil Spector ne sait plus très bien ce qui l'a mené dans le cabinet de Harold Kaplan à deux pas de ce Pan-Am Building qui commence à s'élever dans le ciel new-yorkais – et dans un boucan d'enfer. Un psychiatre…

— Mon père… mon père est mort… lorsque j'avais neuf ans… une crise cardiaque. Je l'adorais… c'était mon idole et par-dessus tout, c'était le meilleur conducteur du monde ! Il est parti voilà plus de dix ans et je ne m'en remets toujours pas. Vous savez, le connaître c'était l'aimer. J'ai des crises d'angoisse quand je pense à lui…

— Vous faites des cauchemars ?

— Oui, voilà. Des cauchemars, très souvent. Je me réveille en sueur et…

— Et ?

—J'ai peur de mourir à la guerre !

Le docteur Harold Kaplan pose le carnet dans lequel il a, peut-être, pris des notes et ajoute d'une voix de miel :

— Vous n'avez de ce côté-là pas grand-chose à craindre, Monsieur Spector : les États-Unis ne sont plus en guerre depuis de nombreuses années.

En retrouvant le trottoir de Park Avenue, Phil Spector est confus : voilà des mois qu'il navigue entre New York et Los Angeles, des mois qu'il tisse des liens et noue des alliances dans le show-business mais ce qui devrait le conforter, au contraire, le perturbe énormément. Voilà : Phil Spector a vingt ans, quelques belles réalisations à son actif dont un sacré putain de tube (*To Love Him*...) plus quelques solides amitiés. À commencer par Lester Sill, un fondu de musiques noires qu'il avait croisé lorsqu'il était étudiant à Fairfax et qui, plus important, a mis le pied à l'étrier à deux grossiums de l'industrie musicale américaine, Jerome Leiber et Michael Stoller, les Rodgers et Hammerstein du rock'n'roll qui pondent des tubes garantis platine pour les Coasters notamment (*Yakety Yak, Charlie Brown*), pour les Cheers (ce *Black Denim Trousers and Motorcycle Boots* adapté pour Édith Piaf en *L'Homme à la moto*) et puis surtout d'immortels classiques pour le King Elvis, de *Hound Dog* (écrit en réalité pour Big Mama Thornton) à *Jailhouse Rock* en passant par *Loving You* et *King Creole*; et ça ne fait que commencer. Oui, Phil Spector devrait jubiler car Sill justement l'a chaudement recommandé à la paire Leiber-Stoller auprès de qui Spector effectue littéralement ses gammes. Seulement, pour l'instant, Phil Spector fait la gueule. Sa peur de l'armée et de tomber au champ d'honneur ? Un prétexte qui cache (mal) son état dépressif. Ce qu'il lui faudrait ? Un autre hit, une chanson encore plus forte que *To Know Him Is To Love Him* pour asseoir son statut de faiseur de tubes. Pour qu'enfin on cesse de ricaner dans son dos lorsqu'il entre dans un studio rehaussé par des talonnettes ou qu'il donne des conseils de sa voix de fausset. Mais il apprend, c'est toujours ça de pris.

Excellent guitariste, formé on l'a vu par le légendaire Barney Kessel, Phil Spector court les séances d'enregistrement pour Leiber et Stoller, jouant sur de nombreuses plages des Coasters (*Shoppin' For Clothes*), des Drifters (*Save The Last Dance For Me*) ou de LaVern Baker (le gospel hystérique *Saved* et surtout *Bumble Bee*). Dans leur immense mansuétude – et par faute de temps surtout –, Leiber et Stoller lui confient la production d'un titre pour Ray Paterson, *Corinna, Corinna*. Paterson avait connu un beau succès quelques mois auparavant avec le très mortifère *Tell Laura I Love Her*; il va en connaître un encore plus grand avec *Corinna, Corinna* – et puis plus rien. Concentrée autour du Brill Building, l'incontestée fabrique à tubes de tout le pays, la profession se dit alors que le petit Spector sait y faire entre les quatre murs d'un studio d'enregistrement. "*Il a du talent*". Mais ça ne suffit pas. Tant qu'il n'aura pas trouvé la suite de *To Know Him...*, le jeune homme continuera de faire la gueule. Et de n'être finalement que le grouillot de Jerome Leiber et Michael Stoller. Alors Spector joue son va-tout :

— Et si on écrivait une chanson tous les deux ? lance-t-il à Jerome Leiber.

En quelques heures autour d'un piano, Leiber pour les paroles et Spector pour la musique accouchent d'un petit miracle : *Spanish Harlem* dont le nouveau duo fait écouter une démo aux patrons des disques Atlantic,

Ahmet Ertegün et Jerry Waxler qui, emballés, confient la chose à leur nouveau poulain, Benjamin Earl Nelson. Nelson vient de quitter les Drifters parce qu'on refuse de revoir ses émoluments et a décidé de démarrer une carrière solo sous le pseudonyme transparent de Ben E. King. Placé en face B de *First Taste of Love*, *Spanish Harlem* peine un peu à trouver sa place et, suivant très exactement le même processus que *To Know Him*… (s'il vous plaît, tournez le disque !) finit par devenir un tube (que King pulvérisera quelques mois plus tard avec *Stand By Me*). Oui, avec ses accents latinos faits de marimba et de triangle, *Spanish Harlem* est un petit miracle. Fort de ce très joli coup, Phil Spector s'envole vers la Californie pour retrouver les siens, tout auréolé d'un nouveau statut : le milieu l'aime et il tape sur le ventre de tous les cadors de la profession. Il est arrivé. Ou pas loin. Son prochain objectif : Elvis.

Ils ont quatre ans de différence oui mais quatre ans lorsqu'on a la vingtaine, quatre ans c'est énorme. En 1960, Elvis affiche vingt-cinq ans et c'est une star immense qui vient de prendre un risque finement calculé en quittant la scène pour servir deux ans durant son pays, au Texas puis en Allemagne. En refusant le moindre passe-droit et en apparaissant comme un bon petit Américain, Elvis est entré dans tous les foyers par le biais de la télévision. Il croise le fer avec Frank Sinatra, porte le smoking aussi bien que le blouson de cuir et l'uniforme, et son sourire est encore plus ravageur : il est accepté. À peine revenu de son temps militaire, on a sorti un disque qui le clame haut et fort : *Elvis Is Back*, nettement moins rock, certes, mais impérial. Car c'est le cinéma qui désormais va l'accaparer pour les années à venir ; d'abord avec *G.I. Blues* (singulièrement traduit ici en *Café Europa en uniforme*) puis coup sur coup *Flaming Star* (*Les rodeurs de la plaine*) et *Wild in The Country* (*Amour frénétique*) ; un rythme de tournage proprement infernal car il faut en outre trouver le temps d'enregistrer les chansons de la BO. Lorsqu'il apprend qu'Elvis et sa garde rapprochée doivent débarquer à Los Angeles pour mettre en branle son huitième long-métrage, Spector immédiatement se met sur les rangs. Il en est persuadé : ses mois passés auprès de Leiber et Stoller ont fait de lui le candidat idéal, l'incontournable tricoteur de chansons pour ce nouveau film, *Blue Hawaii* (*Sous le ciel bleu de Hawaï*).

– J'ai une exclusivité avec Leiber et Stoller pour le prochain film d'Elvis, bluffe-t-il à tous ceux qui veulent bien l'entendre.

Elvis et son escouade habituelle de copains, gardes du corps, assistants et pique-assiette divers débarquent à Hollywood le 14 mars 1961. Tout le petit monde de la musique angelino est au courant et tout ce petit monde piste le King. Aimerait l'approcher. Phil Spector, lui, ne souhaite qu'une chose : lui vendre des chansons pour *Blue Hawaii* – avec la bénédiction de Leiber et Stoller. En graissant la patte à droite à gauche, Spector apprend que les studios Radio Recorders ont été loués trois jours pleins pour Elvis, les 21, 22 et 23 mars, et qu'en attendant, la petite bande a table ouverte au Formosa, juste en face, sur Santa Monica Boulevard. Alors, ajustant ses lunettes de soleil et s'enveloppant dans une cape courte dont il est devenu friand, Phillip Harvey Spector se pointe au Formosa avec pour unique bagage la caisse de sa Gibson ES 175 sunburst – un bijou. À l'allure des deux types qui glandouillent sous l'auvent bicolore, Spector est rassuré : Elvis est dans la place. Reste à l'approcher.

— Hé les gars, je bosse pour Leiber et Stoller à New York et j'ai un cadeau de leur part pour votre boss, fait Spector en désignant le flight case.

— C'est quoi ? Une sulfateuse ?

— Non, la guitare avec laquelle je vais lui chanter ses prochains succès, garanti !

Et les deux gros bras qui tuent le temps devant le bar-restaurant rouge sang en fumant clope sur clope de se marrer comme des baleines.

— Ok vieux, on va prévenir Elvis !

Voilà, ça n'est pas plus compliqué que ça. Une bonne dizaine de minutes plus tard, Phil Spector est introduit jusqu'à l'alcôve écarlate où une petite cour s'esclaffe au moindre mot, au plus petit clin d'œil d'Elvis – même à ses blagues les plus pourries. C'est une vraie superstar comme il n'en a encore jamais rencontré – hormis Fidel Castro, évidemment. Elvis est presque aussi grand que le Lider Maximo, d'ailleurs. Et il est entouré du même genre de zélateurs-mafieux ; c'est un roi. C'est le King. Il faut bien encore dix ou douze minutes avant que l'aréopage se rende compte de la présence de Spector :

— Hey boss, on a la visite d'un vampire, tente un gros rigolard. Hey man, ta cape, ils font la même pour hommes ?

— Effectivement, en noir comme ça, ça fait un peu Dracula, s'amuse Elvis entre deux bouchées de son cheeseburger. Mais en blanc, tiens tiens, je note l'idée, ça peut être un truc de scène. Dis-moi jeune homme, qu'est-ce qui nous vaut le plaisir de ta visite ? Et comment t'appelles-tu ?

— Phil Spector. C'est Leiber et Stoller qui m'envoient, j'ai une exclu avec eux.

— Quel genre d'exclusivité ? ose le comique de service. Celle de porter des talonnettes ?

— Oui, quel genre d'exclu ? tempère Presley.

— J'écris des chansons. J'ai même déjà eu des tubes, comme *To Know Him Is To Love Him* que j'ai chanté avec les Teddy Bears – en hommage à votre chanson dans *Loving You* –, et puis plus récemment *Spanish Harlem* que Ben E. King a sorti l'année dernière. Mais je travaille aussi pour Jerry Wexler et les frères Ertegun chez Atlantic, mais aussi Hill and Range.

— En somme, rien que des gens avec qui nous travaillons aussi, coupe Elvis, on peut même dire que c'est la famille. Mais, une exclusivité ? Hmmm, jamais entendu parler de ça. Bref, qu'est-ce qu'on peut bien faire pour toi, jeune Spector ?

— Eh bien, je sais que vous allez bientôt tourner un nouveau film et je sais aussi que vous serez en studio la semaine prochaine, alors, j'ai une demi-douzaine de chansons spécialement composées pour vous et pour ce nouveau film et…

— Écoute, ami Spector : tu ne crois tout de même pas qu'on a fait tout ce chemin depuis Memphis sans la moindre cartouche et qu'à trois jours d'entrer en studio on va encore à la pêche aux chansons ? Mais réveille-toi, Spector : musique ou cinéma, le show-business est une chose on ne peut plus sérieuse. Pas de place pour l'improvisation ! En tout cas, je garde en tête ton idée de cape et rien que pour ça, merci !

La semi-pénombre qui règne au Formosa empêche Elvis et ses sbires de voir la couleur qu'ont prise les joues de Phil Spector : il est pivoine et au-delà, il se sent humilié comme jamais. Et par une bande culs-terreux du Tennessee de surcroît. Quelle misère… Bien sûr, il y a Elvis mais c'est sans doute pour ça justement qu'il se sent si rabaissé. "*Quel con*", songe Spector en tournant les talons.

— Hey mec, t'as oublié ta sulfateuse, l'apostrophe l'un des deux crétins sous l'auvent en lui tendant le flight-case de la Gibson.

L'humiliation au carré. Il va lui falloir rebondir et vite pour oublier le camouflet qui ne va pas manquer d'être rapporté dans le microcosme du music business américain, de Hollywood Boulevard au Brill Building. Lorsqu'il retourne à New York, l'un de ses premiers réflexes est d'appeler la secrétaire du docteur Kaplan pour fixer un nouveau rendez-vous. Comme une béquille. Et quelques jours plus tard, Phil Spector retrouve le cabinet de Park Avenue, son canapé inconfortable et les questions tordues du psy binoclard.

— Parlez-moi encore de votre père…

— Il est mort, vous le savez, lorsque j'avais dix ans. Il s'est su… écroulé, terrassé par une crise cardiaque.

— Vous lui en voulez toujours pour cet abandon ? Et votre maman, comment a-t-elle survécu à ce drame ?

— On a continué à vivre, voilà tout. J'ai grandi, enfin, façon de parler, et j'avance, j'avance. Dans le milieu de la chanson et bientôt, je le sais, je serais au sommet.

— Comme chanteur ?

— Non, les chanteurs finalement ne sont pas tellement importants, vous savez. Si une chanson est vraiment bonne, n'importe qui ou presque peut en faire un classique. Tout repose sur les heures, les jours qu'on va passer en studio pour en tirer le meilleur. De ne rien laisser au hasard, de la prise de son à la photo de pochette, rien. En exagérant à peine, je dirais que les chanteurs sont interchangeables.

Est-ce à cet exact moment qu'il a pris sa décision ? Est-ce d'avoir enfin pu mettre des mots sur ses plus profonds fantasmes ? Toujours est-il que dans les huit jours suivant cette consultation avec le docteur Kaplan, Phil Spector convainc son vieux copain Lester Sill de monter leur propre label. Son nom : Philles ou la contraction de leurs deux prénoms. Reste à trouver les artistes susceptibles d'inaugurer le label avec éclat. Cinq gamines noires de Brooklyn vont parfaitement faire la farce :

Barbara Alston, Patsy Wright, Dee Dee Kennibrew, Mary Thomas et Myrna Gerard : les Crystals. Spector les signe après une vague audition dans les bureaux des éditions Hill and Range, au onzième étage du Brill Building. Dans la foulée est enregistré un premier single et, suivant une logique désormais toute spectorienne, c'est la face B qui va taper dans l'oreille des programmateurs et, partant, des jeunes auditeurs. Ce sera donc le lancinant *There's No Other Like My Baby* plutôt que l'assez gnangnan *Oh Yeah, Maybe Baby.* Sous référence Philles 100, ce premier single grimpe à la cinquième place des charts R & B. Pas mal. Mais c'est à Los Angeles que la suite de la saga Spector et de celle des Crystals va s'écrire. Enfin, pour les Crystals… pas tout à fait.

Même s'il est intrinsèquement new-yorkais et que l'hédonisme californien lui sort par les yeux, c'est bien à Los Angeles que Spector se sent vraiment à l'aise pour enregistrer. Les musiciens y sont bien plus cool que leurs homologues de la côte Est, l'œil toujours rivé sur l'horloge murale, et toujours prompts à prévenir leur surpuissant syndicat d'un dépassement d'horaire ou de l'utilisation d'un personnel "non-syndiqué". Bref, il est prêt à graver le prochain single des Crystals et ce sera *He's a Rebel,* une chanson que Gene Pitney destine aux Shirelles mais que Spector compte bien sortir avant. Avec les Crystals, enfin, avec des Crystals : eh oui, le groupe participant alors à une tournée sur la côte Est, l'ambitieux copropriétaire des disques Philles décide tout de go d'engager un trio local de chanteuses noires, les Blossoms, parce que, n'est-ce pas, comme il l'a confié à son psy de Park Avenue, "*les chanteurs sont interchangeables*". Darlene Wright, que Spector rebaptise d'autorité Darlene Love, est payée cinq mille dollars pour la session – ses copines elles chantent pour le tarif syndical. Tout ça se déroule dans ses vieux Gold Star Studios, toujours aussi riquiquis et peu accueillants mais dont le son et surtout les chambres d'écho semblent à jamais fantastiques. Pour cette session, Spector décide de doubler tous les postes : deux basses, deux pianos, deux guitares et pas moins de sept chanteuses, plus la batterie de Hal Blaine et le saxophone de Steve Douglas. On est un peu serrés, certains s'inquiètent des incessants allers-retours du petit scarabée Spector qui derrière ses lunettes noires replace les micros, écarte les paravents (les panacs ou panneaux acoustiques d'isolations qui évitent que le son d'une guitare vienne pisser sur le micro de la batterie et inversement) et multiplie les prises... jusqu'à épuisement des troupes. Mais le résultat est là, merveilleux, implacable avec des paroles qui sonnent pour lui comme un autoportrait, comme une revanche : "*See the way he walks down the street/Watch the way he shuffles his feet My/He holds his head up high/When he goes walking by/He's my guy/When he holds my hand, I'm so proud/'Cause he's not just one of the crowd/My baby's always the one to try the things they've never done*" ("*Voyez la façon dont il marche dans la rue/Regardez la façon dont il traîne les pieds/Il a la tête haute/Quand il passe, c'est mon homme/Quand il me tient la main, je suis si fière/Parce qu'il n'est pas comme les autres/Mon bébé est toujours celui qui essaie les choses qu'ils n'ont jamais faites*"). Est-il nécessaire de préciser la fureur qui s'empare de Barbara Alston, Patsy Wright, Dee Dee Kennibrew, Mary Thomas et Myrna Gerard lorsqu'elles entendent à la radio le nouveau succès des Crystals alors qu'elles traversent l'Ohio pour rejoindre la ville de leur prochain concert ? Deux mille deux cents kilomètres plus à l'ouest, cela n'empêche nullement Phil Spector de jubiler : il le tient son nouveau numéro 1, le deuxième, près de cinq ans après le premier.

C'est la vraie première pierre du Mur du son spectorien.

Be My baby • The Ronettes

Ronnie

"There is a rose in Spanish Harlem
A red rose up in Spanish Harlem
It is a special one, it's never seen the sun
It only comes out when the moon is on the run
And all the stars are gleaming
It's growing in the street right up through the concrete (...)
I'm going to pick that rose
And watch her as she grows in my garden"

("Il y a une rose à Spanish Harlem
Une rose rouge dans Spanish Harlem
C'est une rose spéciale, elle n'a jamais vu le soleil
Elle ne sort que lorsque la lune s'enfuit
Et que toutes les étoiles brillent`
Elle pousse dans la rue, à travers le béton (...)
Je vais cueillir cette rose
Et la regarder grandir dans mon jardin")

Lorsqu'il écrit les paroles de ce qui va vite devenir le premier hit de Ben E. King, Jerry Leiber ne se doute probablement pas qu'il prédit très exactement ce qui va se produire trois ans plus tard dans la carrière et la vie amoureuse du compositeur de ce *Spanish Harlem*, Phil Spector. Lequel en 1963 va en effet cueillir une rose dans le béton de Spanish Harlem pour la faire s'épanouir dans son jardin – et dans son cœur, mais si. Elle s'appelle Veronica Bennett, c'est une métisse d'Indien cherokee et de Black par sa mère, et d'Irlandais par son père, qui fait oublier ses cent cinquante-six centimètres sous une vertigineuse choucroute piquée à Brigitte Bardot – et dont Amy Winehouse se souviendra. Avec sa sœur aînée Estelle et leur cousine Nedra, elles forment les Ronettes, un trio vocal qui cherche… sa voix parmi les dizaines d'autres qui fleurissent dans la lignée des Chantels et surtout des Crystals. Leur atout ? La grinta plus un sens de la débrouille et de la repartie qui s'est forgé à force de s'être fait traiter de "niakouées" par les petits Blacks et de ''mal blanchies'' par tous les autres. Sans oublier un vrai talent dont aucune chanson n'a encore profité. Leur manque juste un révélateur. Quelqu'un qui sache transcender ce matériau brut ; un alchimiste ou pas loin. Elles ont déjà son nom – Phil Spector. Ne manque plus que le courage pour décrocher leur téléphone et tenter de décrocher un rendez-vous.

C'est que, voyez-vous, en 1963 et du haut de ses vingt-trois ans, Phillip Harvey Spector est déjà millionnaire ; c'est une légende, le Mozart du rock'n'roll. Quelle qu'ait pu en être la composition, il a offert de très gros succès à ses Crystals (*He's a Rebel* bien sûr, mais aussi *Uptown* et *He's Sure the Boy I Love*) sans oublier *Zip-A-Dee-Doo-Dah* crédité à Bob B. Soxx et ses Blue Jeans, un groupe studio monté de toutes pièces et comprenant notamment Darlene Love, et à quelques autres, autant de ''symphonies pour les mômes'' ainsi qu'il aime à définir son style de production à nul autre pareil. Mais surtout, Phil Spector conserve le contrôle de tout le processus, du choix des chansons à la production en studio en passant par la sélection des musiciens et jusqu'à la distribution du disque puisqu'il est patron d'un label, et même patron à part entière car il vient purement et simplement d'en virer son associé, son vieux pote des années Fairfax, Lester Sill. Mégalo, Spector ? Évidemment oui, comme tous les conquérants, les winners. Alors Estelle, la grande sœur, est celle qui va oser prendre le téléphone, composer le numéro des bureaux new-yorkais de Philles Records et demander à parler au plus jeune patron d'une maison de disques au monde – ainsi qu'un tout jeune marié, mais ça, il ne le crie pas sur tous les toits. Et contre toute attente…

— Phil Spector à l'appareil.

— Bonjour Monsieur Spector et merci de prendre mon appel. Voilà, je m'appelle Estelle Bennett et nous formons avec ma petite sœur et notre cousine un groupe vocal que nous aurions aimé vous fait entendre si bien entendu…

— Quel nom, votre groupe ?

— Les Ronettes.

— Les Ronettes ? Ça me plaît. Rendez-vous demain aux studios Mira Sound sur le coup de 7 heures Ça vous va ? (…) Je vais donc prendre ces hurlements pour un "oui".

Le lendemain, les Ronettes descendent en métro jusqu'à Rockefeller Center et continuent à pied jusqu'au 145 West 47th Street. On a déjà évoqué la modestie des studios Gold Star ; là, c'est encore autre chose. Beaucoup plus vastes, mais plongés dans l'obscurité comme la crypte abandonnée d'un voïvode transylvain et c'est ainsi qu'apparaît Phil Spector aux trois gamines de *Spanish Harlem* : tel le vampire des films noir et blanc – il ne lui manque qu'un chandelier et quelques chauves-souris virevoltantes.

— Je suis… Phil Spector. Je vous souhaite la bienvenue. Vous devez être les fameuses Ronettes ? Chantez-moi donc quelque chose, comme ça, a cappella.

Mis à part le petit bonhomme avec sa chemise à jabots, sa cape, sa canne et ses lunettes de soleil, il n'y a strictement personne dans le studio. Les trois filles sont tétanisées. Chanter ? Veronica se lance, seule, avec une reprise aussi cristalline qu'époumonée du *Why Do Fools Fall in Love ?* de Frankie Lymon – Lymon, le grand frère fantasmé, le modèle absolu, celui qui l'a poussée à tenter sa chance dans la chansonnette :

"Why do birds sing so gay ?
And lovers await the break of day
Why do they fall in love ?

— Encore !

Dans l'ombre, Phil Spector semble vouloir broyer le pommeau de sa canne : à peine appuyée par les deux autres Ronettes, la gamine possède exactement la voix qu'il attendait : profonde et acide à la fois, adolescente limite fifille et tellement adulte. Une voix qui a tous les âges et possède toutes les couleurs du nuancier ethnique. La voix idéale pour couronner les musiques qu'il a dans la tête, ces strates instrumentales, ce foutu mur du son.

— Encore ! Encore !

I'm Not a Juvenile Delinquent, Who Can Explain ?, *Portable on My Shoulder*, l'essentiel du répertoire de Lymon avec ou sans ses Teenagers y passe et Spector est aux anges. De fait, immédiatement, le modèle de Lymon s'impose : le prodige de Washington Heights vient justement de se séparer de son groupe et cela lui va bien au teint. Phil Spector comprend que des Ronettes, il n'aura besoin que de Veronica, qu'elle est et elle seule cette rose de Spanish Harlem qu'il va faire éclore dans son jardin.

— Bravo, les filles ! Pour fêter ça, je vous emmène manger un de ces énormes sandwiches au pastrami qu'ils servent au Carnegie Deli. Mon chauffeur nous attend.

Une limousine pour aller bouffer des sandwiches ? "*Le type est vraiment bourré aux as !*", s'amuse Veronica qui a par ailleurs parfaitement remarqué que Spector n'a d'yeux que pour elle ; pas folle la guêpe. Sur la banquette arrière, il lui chuchote dans l'oreille des choses qui ont l'air délicieuses mais dont elle ne capte que quelques mots tant la musique distillée par un tourne-disque installé dans la portière est forte. Elle comprend "disque d'or", "carrière internationale", "voyages"… Elle plane. Phil Spector n'est pas vraiment l'Apollon du Belvédère – il est à peine plus grand qu'elle et l'on voit bien qu'il commence à se dégarnir… à vingt-deux ans, ça promet

–, mais Veronica mine de rien est en train de craquer. Façon grand seigneur, c'est Spector qui sort acheter les monstrueux sandwiches au pastrami et les salades de pommes de terre car c'est au studio qu'il a décidé qu'aurait finalement lieu la petite dînette.

— J'ai plein de choses à vous faire écouter, les filles !

Une fois les sandwiches dévorés et malgré les enceintes qui déversent à un niveau sonore inouï les dernières productions de Philles Records, Estelle et Nedra commencent à piquer du nez, plus vraiment dupes du rôle qu'elles endossent désormais : de simples utilités. Veronica comme envoutée, elle, fait le tour du propriétaire, des différentes cabines de prises de son à la mystérieuse régie où Spector règne en démiurge. Sans jamais se défaire de sa cape noire, il jongle avec les boutons, les manettes, poussant le volume jusqu'à la limite de l'humainement supportable :

— C'est comme ça que ça s'écoute, en studio. Cela dit, c'est un peu trompeur et pour être certain que ce sera un hit, il convient au final d'apprécier le résultat sur un simple transistor. Faut qu'ça pète !

Tout y passe : les Crystals, bien sûr, Darlene Love presque autant, Bob B. Soxx et ses Blue-Jeans et même ses succès déjà plus anciens avec les Teddy Bears ou Ben E. King. Bref, toutes les productions portant la griffe Spector.

— Il faut considérer ça comme une mise en bouche, s'enflamme Spector, une répétition générale. Avec ta voix, ta personnalité, ton talent on devrait facilement atteindre le grandiose !

— Mais Monsieur Spector, le freine Veronica, il ne s'agit pas de moi tout seul : avec Nedra et Estelle, nous sommes un groupe…

— Pourquoi pas ! Tant que tu en es le cheerleader…

Il est minuit passé lorsque les trois jeunes filles sont ramenées à leur maison respective par le chauffeur de Spector. Lequel peut désormais envisager l'avenir de la plus radieuse des façons : il la tient sa perle rare, son oiseau des îles, sa rose de Spanish Harlem. Enfin. Ne restent que quelques menus détails à régler. Comme convaincre la mère de Veronica – et accessoirement d'Estelle – que sa fille possède un don rare, que lui, et lui seul, est à même d'exploiter.

— Je vais en faire une grande vedette, Madame Bennett, une très très grande vedette, garanti. Seulement, il faut encore que j'aie votre autorisation – car elle n'a pas même vingt ans.

Dans ses bons jours, Phillip Harvey Spector est un charmeur né. Il est arrivé chez Beatrice Bennett avec une bouteille de vin italien dans la main gauche et un gros bouquet de roses rouges dans la droite. Plus une pleine hotte de blagues et de bons mots, jamais grossier, toujours flatteur, et il a tôt fait de mettre son auditoire dans sa poche. Beatrice Bennett est aux anges :

— Ce monsieur Spector est un vrai gentleman, souffle-t-elle à Veronica une fois leur visiteur reparti. Et mon petit doigt me dit que tu ne lui es pas tout à fait indifférent.

— Oh, maman…

Dix jours plus tard, Beatrice Bennett accompagne ses filles et leur cousine pour signer le contrat des Ronettes avec Phil Spector. Voilà, elles sont désormais artistes Philles Records à plein temps. Et quand on dit à plein temps… on parle presque exclusivement de Veronica que Spector fait répéter encore et encore – et jusqu'à tard dans la nuit – quand les deux autres Ronettes ont depuis longtemps regagné leurs pénates et ce qui devait arriver arriva : authentiquement attirés l'un par l'autre, mais peut-être pas tout à fait pour les mêmes raisons, Phil et Veronica finissent par s'embrasser. C'est tendre, c'est mignon et presque maladroit au point que Veronica est à deux doigts de lui demander si par hasard ce ne serait pas "la première fois" ? Phillip Harvey Spector est aussi un petit cachottier – et un acteur de talent. Lorsqu'il sent sa pouliche enfin prête, Phil Spector l'emmène à Los Angeles pour enregistrer. Avec maman Beatrice comme chaperon, ils traversent les États-Unis d'est en ouest et en avion – les deux autres Ronettes, elles, font le voyage… en break Chevrolet.

Lorsqu'elles finissent par arriver en Californie après un périple de cinq jours et quatre nuits, Estelle et Nedra retrouvent Veronica et Spector aux Gold Star studios et, soleil mis à part, elles ne sont nullement impressionnées. Ce qui se trame à l'intérieur va pourtant s'avérer d'une importance capitale pour la suite de leur carrière à toutes. Car, sur le petit carnet qui ne le quitte jamais, Phil Spector a ramené de New York le joyau idéal pour la voix de Veronica, le sésame qui va l'amener une nouvelle fois au sommet et l'y laisser sans le moindre doute pour très longtemps : *Be My Baby*, qu'il a écrit un soir dans son bureau de la 62e rue avec l'aide de Jeff Barry et de sa femme Elie Greenwich -tous les trois ont déjà co-signés *Da Doo Ron Ron* et *Then He Kissed Me* pour les Crystals ; des orfèvres. Pour immortaliser la chose, Spector a réservé H24 le studio A et convoqué tout le who's who des requins de studio, sa Wrecking Crew (son équipe de démolisseurs !), comme on la nommera plus tard : Tommy Tedesco et Bill Pitman aux guitares, Hal Blaine et Frank Capp à la batterie, pas moins de quatre claviers différents (joués entre autres par Leon Russell), deux basses ainsi que Jack Nitzsche et Larry Levine pour le seconder aux manettes – sans oublier une tripotée de chœurs apportés par Cher, une gamine au nez aquilin et à la crinière de squaw, son fiancé Sonny Bono, Darlene Love et Ellie Greenwich elle-même – et des percussions jouées par quiconque pousse la porte du studio au bon moment. Toutes à la notable exception des castagnettes… qu'il se réserve. Car il en a rêvé de ces castagnettes quelques jours après être entré en studio pour élaborer strate par strate, couche après couche, ce *Be My Baby* qu'il veut et qui sera grandiose.

Un peu comme le triangle de Spanish Harlem qui parvient à singer une respiration syncopée et donner du suspense à une chanson qui en est parfaitement dénuée, Phil Spector adore le pouvoir des castagnettes et leur utilisation dans ce qu'elles peuvent avoir de moins espagnol. Bien sûr, il écoute religieusement le *Tijuana Mood* que Charlie Mingus a récemment sorti -à commencer par son extraordinaire *Ysabel's Table Dance* – mais c'est dans des utilisations moins folkloriques qu'il apprécie leur crépitement. Ainsi dans *Tannhäuser* de Richard Wagner et les *Catulli Carmina* de Carl Orff – est-il compositeurs moins espagnols que Wagner et Orff? – que Spector écoute et réécoute sans cesse. "*On jurerait une bagarre de squelettes,* s'excite-t-il, *rien de mieux pour pondre LE hit éternel!*"

L'enregistrement de *Be My Baby* dure des semaines mais le résultat dépasse les espérances les plus folles et se hisse au sommet des charts (numéro 2 pendant près d'un mois) et, à la fin de 1963, il s'en est écoulé plus de deux millions d'exemplaires. Grâce à la voix phénoménale de Veronica Bennett et à une cavalcade de castagnettes. *Be my, be my baby, be my little baby* est sur toutes les lèvres… au moins autant que les punchlines de saison, du « *Ich bin ein Berliner* » prononcé à Berlin par un John Fitzgerald Kennedy en très léger sursis (ainsi que nous l'allons voir) et le « *I Have a Dream* » scandé par Martin Luther King au Lincoln Memorial de Washington ; un classique parmi les classiques.

Pour faire tourner la machine, Phil Spector multiplie les albums-catalogues représentants ce que Philles

Records propose de meilleur : les principaux hits de ses poulains, disques finalement interchangeables puisqu'on retrouve toujours à peu près les mêmes titres mais dans des ordres différents. Non, ce qui l'accapare désormais et qu'il veut être son grand œuvre est un disque de Noël : une collection des plus grandes chansons du genre reprises par la crème des artistes Philles et arrangées à la sauce Spector par son *équipe de démolisseurs.* Le truc imparable. Chaque année, l'exercice fait un carton : Elvis a vendu des camions de son *Christmas Album* de 1957, Nat King Cole à peine moins de son *Christmas Song* et n'oublions pas Johnny Mathis et Bing Crosby, multimillionnaires du disque avec leur galette de saison – voilà bien longtemps en effet que Noël a dépassé le stade de simple fête religieuse, aux États-Unis du moins.

Avec un décalage comparable à celui des mannequins et photographes de mode immortalisant la prochaine collection de maillots de bain en plein hiver, il faut imaginer Phil Spector et ses troupes entassés huit semaines durant entre les murs des Gold Star studios pour chanter *La parade des soldats de bois* de Léon Jessel et *White Christmas* d'Irving Berlin alors que le mercure dépasse les 43 °C (le 23 septembre). Tout le monde étouffe sauf Spector, dirait-on, qui passe dix-huit heures chaque jour dans le studio à faire tricoter inlassablement les parties de guitare, à préférer des grelots aux cymbales habituelles des batteries, à réorienter chaque micro et à tout recommencer. Le tout, coiffé, pour mettre tout le monde dans l'ambiance, d'un bonnet de père Noël.

Dans la petite société qui gravite autour du projet – musiciens, choristes, ingénieurs du son, personnel du studio –, la relation amoureuse entre Spector et Veronica Bennett est désormais chose connue et personne ne s'offusque que les Ronettes se taillent la part du lion avec trois des treize titres gravés pour ce *Christmas Gift For You From Philles Records*: *Frosty the Snowman* (et ses guirlandes de castagnettes), *Sleigh Ride* (truffé de hennissements) et *I Saw Mommy Kissing Santa Claus.* On trouve aussi Darlene Love, les Crystals et Bob B. Soxx et ses Blue Jeans, la famille quoi, qu'il remercie d'ailleurs de sa toute petite voix dans le dernier morceau, *Silent Night* (“*Douce nuit, sainte nuit* ”), un exercice qu'on peut juger d'une rare infatuation ou d'une vraie sincérité mais qu'on en juge : “*Bonjour, ici Phil Spector. Il est si difficile en ce moment de dire les mots qui exprimeraient mes sentiments à propos de l'album que vous venez d'écouter. Un album qui a été préparé pendant de longs mois. (…) Bien entendu, mes plus sincères remerciements vont à vous pour m'avoir donné l'opportunité de raconter mes sentiments de Noël à travers la musique que j'aime.*”

C'est beau comme l'antique, n'est-ce pas ? Presque aussi beau que la pochette pour laquelle le photographe Ray Avery a fait poser tous les chanteurs du disque comme s'échappant de gigantesques paquets cadeaux. L'enthousiasme de Spector a été tel durant l'interminable enregistrement de ce *Gift for You* que tout le monde croit dur comme fer à sa réussite – ce sera un chef-d'œuvre.

Le 21 novembre, veille de la sortie nationale de son *Christmas Album*, Phil Spector est à New York. Veronica vient de le rejoindre dans son bureau et dans l'imminence du triomphe annoncé, ils font comme tous les amoureux. En servant le champagne dans lequel elle ne fera que tremper le bout de ses lèvres, Spector tire des plans sur la comète, promet la lune, parle de voyages, évoque une officialisation de leur relation ; ils ont des papillons dans les yeux, Veronica aimerait tellement que sa mère entende ça, quand l'interphone du bureau crépite :

— Harvey Phillip Spector, je sais que tu es là et que tu n'es pas seul ! Ouvre ! C'est ta femme !

Pendant un temps infiniment long, Veronica et Phil Spector sont incapables de prononcer le moindre mot, incapables de prendre la plus petite décision, tétanisés qu'ils sont, pris au piège dans ce bureau à une seule issue. Puis Veronica se lance :

— Ta femme ? Qu'est-ce que c'est que cette histoire : tu es marié ?

— C'est une longue histoire, bredouille Spector, je te raconterai mais faisons au moins semblant de répéter, elle va finir par défoncer la porte.

Annette Spector, née Merar, n'en aura pas besoin : c'est Veronica elle-même qui va lui ouvrir et découvrir ainsi cette jeune femme blonde qui a effectivement épousé Phil Spector au début de l'année et dont il ne lui avait jamais parlé – il n'a de fait jamais rendu l'affaire publique et l'immense majorité des gens avec qui il travaille l'ignorent. L'affront est immense et c'est tout un monde qui s'écroule autour de la petite rose de Spanish Harlem qui s'enfuit en courant sans même un regard pour celui qui l'a trompée si totalement, sans un geste envers l'épouse au moins aussi trompée qu'elle-même. L'horloge murale affiche 23 heures.

À trois mille cinq cents kilomètres de là, la montre de Lee Harvey Oswald, elle, indique 22 heures moins quelques minutes. Voilà un mois, Oswald a fêté ses vingt-quatre ans. Jamais il n'atteindra le quart de siècle car demain, le 22 novembre 1963, il va assassiner John Fitzgerald Kennedy avec une carabine de fabrication italienne, et moins de quarante-huit plus tard, il tombera sous le feu (une unique balle) d'un dénommé Jack Ruby, point de départ d'un des plus épais mystères politico-judiciaires du XXe siècle et sinistre façon d'entamer ces années 60 qu'on disait passeport pour l'espace et fraternité internationale. De façon un peu plus anecdotique, ce double meurtre signe aussi l'arrêt de mort de *A Christmas Gift for You by Philles Records* que Spector fait retirer des bacs au prétexte que l'Amérique est en deuil.

Bien plus curieusement encore, les évènements des dernières soixante-douze heures ne vont même pas mettre un terme à la relation qui l'unit à Veronica Bennett. Du moins, pas encore.

River Deep, Mountain High • Ike & Tina Turner

Tina

"Des rumeurs affirment que c'est la revanche américaine pour le Boston Tea Party. Trois-mille adolescents hurlants se sont réunis à l'aéroport Kennedy pour accueillir, vous l'avez deviné, les Beatles !"

Lorsqu'elles découvrent l'arrivée du groupe sur l'écran de la télé familiale, Veronica et sa sœur sont complètement excitées. Elles ont réuni une poignée de copines pour leur raconter leur petit périple en Angleterre et les aventures qu'elles y ont vécu avec les quatre chevelus qui s'apprêtent à conquérir l'Amérique – et le Monde.

— Estelle avait vraiment la côte avec George, assure Veronica. Quant à moi, c'est plutôt John qui semblait intéressé !

Sur le canapé du salon, les deux frangines partent d'un rire qui les fait retomber dans cette enfance qu'elles n'ont finalement pas tout à fait quittée – malgré les millions de disques, malgré *Be My Baby* et malgré cette petite tournée de l'autre côté de l'Atlantique où elles ont découvert ce qu'était vraiment la gloire.

— Pourtant, vous savez, malgré les filles hystériques qui campent devant chez eux, ce sont de gentils garçons très bien élevés, précise Veronica. D'ailleurs, c'est dans leur avion qu'on aurait dû rentrer à la maison, seulement

Phil avait déjà acheté nos billets de retour pour un vol deux jours plus tôt, alors…

Alors, Estelle et Véronica se contentent de suivre l'arrivée de leurs nouveaux copains à la télévision et les voilà. Le vol 101 vient de s'immobiliser sur le tarmac de Kennedy Airport, on a collé la passerelle à la porte avant du Boeing 707 et en effet, les voilà, chacun serrant dans sa main son petit sac Pan-Am.

— Le premier, c'est George, le fiancé d'Estelle, glousse Veronica. Derrière, côte à côte, John et Paul et enfin Ringo ! Ah oui, derrière encore, c'est Brian Epstein leur manager et… non… non, putain, non, il n'aurait pas osé ?

S'extrayant à son tour de l'appareil, une casquette vissée sur le crâne et ses éternelles lunettes noires, apparaît Phil Spector qui semble jouer des coudes pour être sur la photo.

— Quel enfoiré… c'est donc pour ça qu'il nous a fait partir plus tôt. Pour apparaître avec les Beatles et surtout sans nous…

Nous sommes le 7 février 1964, et officiellement, les États-Unis d'Amérique ne sont pas encore en guerre avec le Nord Vietnam – Lyndon B. Johnson, le belliqueux successeur de JFK, n'attend qu'une étincelle pour envoyer un déluge de bombes au nord du 17ème parallèle. Non, en ce 7 février 1964, la jeunesse américaine est beaucoup plus intéressée par cet autre déferlement : la Beatlemania est en train de s'abattre sur une Amérique en pâmoison quand Veronica Bennett accuse une nouvelle trahison de la part de son fiancé… de son… pygmalion… de son négrier – elle ne sait plus du tout comment le qualifier. Pourtant, sur le papier, l'idée de cette petite tournée en Angleterre semblait excellente et à même d'atténuer l'humiliation de novembre lorsqu'elle avait appris que Phil Spector était marié. Partir ainsi pour Londres toutes les trois avait presque eu des airs de vacances, studieuses les vacances, mais de vacances tout de même. Une poignée de concerts avait été planifiée dont des Rolling Stones encore débutants (ils n'avaient encore sorti que deux singles) assuraient la première partie. Des vacances, oui, et loin de Phil Spector, pensaient-elles. Au bémol près que le producteur avait littéralement bombardé le staff des cinq British hirsutes de sévères recommandations – d'ordres si l'on veut – qui en résumé disaient toutes :

"VOS GARS N'ONT PAS INTÉRÊT À ADRESSER LA PAROLE À MES FILLES OÙ JE ME POINTE EN PERSONNE POUR LEUR APPRENDRE LA VIE ! PIGÉ ?"

Et ni Mick Jagger, ni Keith Richards pas plus que Brian Jones ou Bill Wyman, sans doute le plus roublard de tous, pas un Rolling Stone ne leur adressa la parole, en effet. À plus de cinq mille kilomètres de distance, la réputation de Spector dans le milieu l'avait devancé : "*C'est un génie cinglé*". Puis il vint lui-même en Angleterre, pour signer des contrats de distribution mais aussi et surtout pour surveiller de près sa rose de Spanish Harlem et faire une cour insensée aux nouveaux héros du rock'n'roll : les Beatles. Il a dîné avec George Harrison, plaisanté avec John Lennon et son unique fantasme à ce moment est d'être partie prenante de cette Beatlemania qui est sur le point d'arriver en Amérique. Seulement, ça n'est pas une vaguelette mais bien une lame de fond qui va profondément lézarder son fameux mur du son et dont il ne va pas récolter la moindre miette avant longtemps…

Lorsqu'elle le voit débouler ainsi du Boeing des Beatles, Veronica est, on l'a dit, hors d'elle. Mais ce qu'on sait aussi, c'est qu'elle est amoureuse, follement, éperdument amoureuse de son Phil Spector et que, finalement, leur relation va reprendre sa vitesse de croisière, une semaine à New York, dix jours à Los Angeles. Malgré l'épouse dans le placard, malgré sa jalousie de plus en plus affichée ; malgré tout. Un soir de juin en outre, Phil et Veronica sautent le pas, et pour la toute première fois, font l'amour. Comme deux gamins timides, mais pas si maladroits que ça finalement – un an à se flairer le derrière, ça aiguise l'appétit. Commence alors la valse des chambres d'hôtel louées pour l'après-midi, la frustration et le regard oblique des honnêtes concierges et portiers sur ce drôle de couple mixte qui sent la prostitution à vingt pas – le président Johnson vient tout juste de signer le Civil Rights Act et mettre théoriquement fin aux lois Jim Crow et à la ségrégation raciale. Mais Spector est suffisamment excentrique, menaçant – et riche – pour que ça n'aille pas plus loin que des chuchotements aigres. Pour autant, l'encore jeune producteur en a assez :

— Je vais nous trouver un petit nid d'amour rien que pour nous deux, garanti.

Les belles paroles, les vœux pieux, les promesses d'ivrogne, Veronica commence à connaître oui mais voilà, une fois encore, elle veut y croire et elle y croit. Et elle a raison. Car à l'été 1965, Phil Spector bande les yeux de sa rose et la mène à fond de train au volant de son nouveau joujou, une Rolls Silver Cloud, dans une impasse de Beverly Hills.

— Nous sommes arrivés ; tu peux enlever ton bandeau. Qu'est-ce que tu dis de ça ?

Ça : une façon d'hacienda de plus de vingt pièces qu'il loue mille trois cents dollars par mois à Reginald Owen, ce comédien britannique qu'on peut alors voir dans l'ultime succès de Walt Disney, *Mary Poppins* (il y joue l'amiral Bloom, vous savez, celui qui donne l'heure à coups de canon au-dessus de de l'Allée des Cerisiers).

— Alors, qu'est-ce que t'en dis ? Attends, je te fais faire le tour du propriétaire. Par ici Madame... Spector !

Veronica est aux anges mais feint de n'avoir pas capté. Alors, cette fois, c'en est vraiment fini des chambres d'hôtel, des coups vite faits ? C'en est vraiment fini de faire la tambouille pour les cousins dans l'appartement de Washington Heights, de raccommoder ses chemisiers pour qu'ils durent une saison de plus ? C'en est fini ? Vraiment ? Elle inspecte chaque pièce comme on le ferait dans un appartement témoin, est estomaquée par les meubles d'antiquaires et les tableaux anciens. Sans se l'avouer, elle cherche le moindre minuscule grain de poussière qui pourrait venir gripper le joli conte de fées, ne trouve rien. Elle en pleurerait.

— Je voudrais mourir ici, lâche-t-elle enfin.

— On n'en est pas là ! s'esclaffe Spector. Tiens, et pour finir, le plus beau : voilà la chambre, voilà notre chambre.

C'est rose, c'est kitsch et tout semble tourner autour d'un lit à baldaquin grand comme une Cadillac.

— J'aimerais mourir ici…

Le lendemain, Veronica apporte ses deux valises et emménage ainsi au 1 200 Collina Drive. Pour plus de commodités, Phil Spector y a aussi fait installer son bureau où il s'enferme de longues heures. Ainsi s'écoulent désormais les journées de Veronica : réveil tardif, breakfast servi au lit et interminables errances au milieu des vingt-trois pièces que compte la maison, sa maison. Toutes sauf naturellement ce bureau où Spector reçoit – son nouveau copain, l'humoriste dingue Lenny Bruce en particulier –, écoute de la musique, compose sans doute mais où elle ne doit surtout pas entrer – il est fermé à clef. Qu'importe finalement : voilà un bien beau palais, de ceux dont elle rêvait gamine avec sa frangine, avec carrosse (la Rolls noire) et prince charmant et omnipotent. Lorsqu'enfin vient le temps d'aller se coucher, elle reste seule un long moment dans le grand lit à baldaquin pendant que Spector procède à quelque ablution d'usage : les dents bien sûr mais aussi et surtout le décollage de sa perruque car, elle s'en est rapidement rendu compte, le maître des lieux commence sérieusement à perdre ses cheveux et c'est un amoureux enfiévré mais empestant l'acétone qui la rejoint finalement dans la grande obscurité. Jamais ils n'évoqueront ce problème capillaire, après tout, ce n'est qu'un détail – son secret. Et Phil Spector s'avère un très bon amant, alors, avec ou sans cheveux : elle l'aime, point barre.

Le temps que dure cette première lune de miel, Spector semble avoir un peu oublié les Ronettes. Oh, naturellement, il emmène parfois Veronica au studio Gold Star pour graver de nouvelles chansons mais ça ne lui convient jamais. Et jamais elles ne voient le jour. Soit une guitare lui semble mal accordée – et il convient de ne pas le chatouiller là-dessus, il possède l'oreille absolue, du moins le clame-t-il –, soit un pont lui paraît trop faiblard, soit la rime est pauvre, soit… ça ne va jamais. Résultat des courses : hormis *Is this What I get For Loving You ?* concocté par le couple star du Brill Building Carole King-Gerry Goffin, un titre qui sonne comme un funeste présage pour l'avenir du groupe (''*Ne me dis pas que c'est fini*'') et qui n'entre même pas dans le top 50, pas une nouvelle chanson des Ronettes pour truster les hit-parades en cette année 1965. Phil n'en a plus semble-t-il que pour les Righteous Brothers qui lui offrent (et inversement) un nouveau numéro 1 avec *You've Lost That Love Feelin'*. Grâce à ce tube inouï, les projecteurs une nouvelle fois se braquent sur Phil Spector qui s'en trouve sérieusement ragaillardi. Alors que Veronica commence à se morfondre dans sa prison dorée, les Righteous Brothers se paient un nouveau hit avec *Unchained Melody*, une scie tirée du film *Prisons sans chaînes* et que Spector avait déjà reprise sur l'album de ses Teddy Bears… il y a six ans, autant dire… une éternité.

Pendant ce temps-là, tel Attila et ses hordes de Huns, les groupes de Londres, de Manchester, du Kent et bien sûr de Liverpool ont traversé l'Atlantique et se sont imposés en terre américaine – et pas seulement. Phil Spector est littéralement amoureux des Beatles, de loin les plus fameux de tous. Ces Beatles qui encensent les Ronettes et son travail de producteur de façon globale mais qui ont ce qu'il faut à la maison en la personne de George Martin, "*non merci Phil, pas cette fois*". Lorsqu'il rêve, Phil Spector s'imagine Cinquième Beatles. Il en a d'ailleurs singé certains signes extérieurs, comme les cheveux (…) longs, les chemises à jabot, les bottines Anello & Davide à talon cubain et tout le saint frusquin pop made in Carnaby Street. Et justement, les Beatles s'apprêtent à infliger le coup de grâce à une Amérique qui ne demande que ça en débarquant pour la troisième fois en terre yankee. Dix-huit shows en dix-huit jours pour lesquels ils désirent à tout prix les Ronettes en première partie (également au programme figurent Bobby Hebb qui cartonne avec *Sunny*, les Remains et les Cyrkle). Lorsqu'elle l'apprend, Veronica est extatique :

— Phil, c'est génial : nous allons faire la tournée des Beatles !

— Hmmmm... Oui, j'imagine que c'est tentant. Très tentant même. Et tu me dis que c'est prévu pour la mi-août, n'est-ce pas ? C'est dommage, j'avais booké le Gold Star avec tout le monde pour qu'on mette en boîte une demi-douzaine de chansons qu'on m'a envoyées de New York, du sur-mesure, garanti. Mais bon, évidemment, si tu penses que c'est en te déhanchant comme une dingue devant des milliers de gamins qui n'écoutent même pas ce que tu chantes que tu vas relancer ta carrière... tu te fourres le doigt dans l'œil, ma chérie.

— Mais Phil, c'est LES BEATLES !

— Merci, je les connais – et un peu mieux que toi tu peux me croire. Bon, ils veulent les Ronettes ? Eh bien, ils auront les Ronettes – on n'aura qu'à mettre ta cousine Elaine à ta place et ça fera la farce.

— Mais Phil...

— Écoute-moi bien et pour la dernière fois : tu vas t'user la santé à chauffer les salles pour tes “amis” les Beatles quand moi je t'offre au minimum deux nouveaux tubes, garanti. Alors, tu choisis. Après tout, c'est ta carrière, pas la mienne.

Alors, Veronica Bennett choisit. Et c'est Elaine qui assure la tournée des Beatles, cette tournée qui, on ne le sait pas encore, est leur toute dernière – ils ne rejoueront en public qu'une unique fois et ce, trois ans et demi plus tard (et sur le toit d'un immeuble) mais c'est une tout autre histoire. Et les heures de studio avec tout le

Wrecking Crew et ces soi-disant tubes en puissance ne vont strictement rien donner – pas même être publiés. C'est que, depuis quelques mois déjà, Phil Spector a la tête ailleurs, un nouveau projet, son magnus opus, un chef-d'œuvre qui va mettre tout le monde d'accord : *River Deep, Mountain High* par Ike et Tina Turner. Nous y reviendrons en temps et en heure. Comment ? Maintenant ? Alors d'accord. Mais juste le temps d'ouvrir une parenthèse, puis de la refermer.

Pour être foncièrement honnête, ça fait quelque temps déjà que Phil Spector craque sur Tina Turner, sa voix qui a tout vécu – mais vraiment tout – et son potentiel érotique absolument dément. C'est bien simple : à côté d'elle, les Ronettes ont l'air de gentilles écolières. Alors, quand se présente l'opportunité de produire musicalement un concert filmé pour le cinéma en recrutant ce qui se fait alors de mieux dans la musique "pour jeunes", Phil Spector n'hésite pas à engager tout le barnum Turner, Tina bien sûr, mais aussi Ike, son orchestre et ses Ikettes pour clore le show. Afin d'éviter les drames conjugaux, il a fait un peu de place pour les Ronettes, deux chansons vite fait pas très bien fait entre Joan Baez que Spector accompagne au piano et Roger Miller dont le troisième album caracole en tête des charts country. On trouve aussi les Byrds et les Lovin' Spoonful, les déjà vétérans Ray Charles et Bo Diddley, et, venus spécialement d'Angleterre, Petula *Downtown* Clark et Donovan qui vient de sortir un premier album un peu trop dylanien pour espérer plus – mais il saura s'en dégager. Pourtant, de la coulisse, Spector n'a d'yeux que pour Tina qui miaule, feule, roule du cul et fait hurler les mômes, filles comme garçons. Son idée : lui faire traverser ce plafond de verre qui l'empêche encore d'être accepté par le public, les critiques et les DJ's blancs. Bien entendu, ce film, *The Big T.N.T. Show* va y contribuer mais ce ne sera pas suffisant. Il va lui falloir un écrin, un disque de toute beauté pour accomplir ce miracle et lui seul s'en croit capable. Reste encore à convaincre le très patibulaire Ike de lui laisser les coudées franches. Or Ike Turner lui fout les jetons.

Avec sa gueule en lame de couteau, son pedigree de maquereau et sa réputation de cogneur, Ike est un épouvantail et forme comme un cordon sanitaire autour de sa chose. Pas question de s'approcher de trop près de Tina, "*ici, on touche avec les yeux, pigé ?*". Or Spector n'a nul besoin de lui pour réaliser son rêve. Enhardi par une double rasade de whisky, il part affronter le grand Black au regard mauvais dans la chambre de l'hôtel où ils sont descendus.

— Ike, c'était génial, vous avez fait un boulot d'enfer pour le show ! Tina rend les mômes absolument dingos ! Vos singles sont fantastiques et pourtant, ils stagnent dans les profondeurs du Billboard. Vous connaissez mon palmarès, j'imagine : les Crystals, les Ronettes et tout récemment les Righteous Brothers, ouais, pas dégueu, merci. Alors, j'ai peut-être, je dis bien peut-être, la solution : vous me laissez travailler avec Tina pendant deux ou trois semaines, on lui trouve une chanson démente, ma bande au studio Gold Star lui offre la plus belle des parures, et j'orchestre le tout : numéro 1, garanti !

— Mouais… et qu'est-ce que je fout pendant ce temps-là ? Je vais aux putes ? Je demande le divorce ? Ou je commence par te foutre une balle entre les deux yeux ?

— Allons, Ike, c'est beaucoup plus simple : vous restez à la maison et vous attendez bien sagement la montagne de billets verts qui ne manquera pas de tomber à la sortie de ce disque de *Ike et Tina Turner*, garanti.

Lorsqu'ils se séparent, les deux hommes sont presque devenus amis. Malgré les quinze centimètres qui les séparent sous la toise, malgré la sueur qui fait luire le front de Spector et inonde sa chemise, malgré la musculature de Turner, son regard fixe et cette manière suspecte de conserver sa main droite dans la poche de son pantalon sans qu'on puisse savoir s'il flatte la crosse d'un revolver ou s'il se tripote. Tope là ! Ce jour-là, Phil Spector prend une décision : il ne sortira plus jamais sans garde du corps. Jamais.

De retour à New York, Spector travaille d'arrache-pied pour dénicher LA chanson idéale et retrouve la paire d'orfèvres qui lui ont déjà donné *Be My Baby* (entre autres), Jeff Barry et Ellie Greenwich. *River Deep Mountain High* naît ainsi, telle la créature de Frankenstein, chacun amenant qui la tête, qui les pieds, qui les organes. C'est un monstre que la Wrecking Crew habille de brocards et de dentelles de pierre ; c'est une cathédrale du son dans laquelle Tina pose sa voix de succube. Il y a là Carol Kaye à la basse, Earl Palmer à la batterie, Leon Russell aux claviers, une tripotée de guitaristes dont le maestro

Barney Kessel plus un chœur merveilleux emmené par Darlene Love ; le who's who des requins angelinos. Dans le tout Hollywood qui pétille, la rumeur se répand : Phil Spector est en train d'accoucher d'un chef-d'œuvre absolu, une chanson comme on n'en a jamais enregistrée et une faune bigarrée vient se rendre compte *de visu* au Gold Star studio : en fan absolu, Brian Wilson, la tête pensante des Beach Boys, est le premier à venir humer la dernière singerie de Phil Spector. Cornaquée par Jack Nitzsche, trois Rolling Stones font également le déplacement. Dennis Hopper prend des centaines de photos et en profite pour brancher Spector sur des projets de cinéma – et Ike Turner n'est jamais loin non plus, surveillant d'un œil noir sa femme tigresse et se disant que, "*oui, ça peut devenir énorme ce truc-là*". Mais ça ne le sera pas.

Au mieux de sa forme, *River Deep Mountain High* se classe à la quatre-vingt-huitième place du Billboard avant d'en disparaître à jamais. C'est un camouflet, non, un véritable cataclysme et la fin d'un monde pour Phil Spector. À vingt-sept ans, le génie des studios est KO debout. Il a à peine la force de regagner son refuge de Collina Drive et de les y cloîtrer, Veronica et lui. Pour un bout de temps.

Et ainsi pour nous de refermer la parenthèse promise.

Blackpearl • Sonny Charles and The Checkmates Ltd

Donté

"Des portes, des portes, des portes partout, et toutes fermées à clef ou au verrou ! Il est impossible de sortir d'ici, sauf peut-être par les fenêtres pratiquées dans les hauts murs.

Le château est une vraie prison, et j'y suis prisonnier !"

Lorsqu'elle découvre ces lignes dans un gros bouquin feuilleté par hasard durant une journée de grand désœuvrement, Veronica est stupéfaite : près de soixante-dix ans plus tôt et à des milliers de kilomètres de Los Angeles et de la Californie, un écrivain a décrit presque exactement ce qu'elle vit depuis… des mois – elle ne les compte même plus. Depuis que Spector s'est replié sur lui-même, se transformant en ermite et tout ça pour s'être pris le vent le plus dévastateur de sa carrière – *River Deep, Mountain High*, mais il est interdit d'en prononcer le titre en sa présence. Maudit. Face à l'adversité, certains se font des cheveux ; Spector, lui, les perd par poignées, il n'en a pratiquement plus un seul sur le caillou et après le rituel déjà sordide du décollage de perruque et ses effluves d'acétone, Veronica doit désormais subir celle du chapeau – une fois sur deux, monsieur se couche coiffé, d'un Stetson généralement - grotesque. Comme si, faute de pouvoir sortir des disques phénoménaux, Phil Spector ne pouvait plus faire parler de lui que pour ses excentricités. Ce qui ne serait encore rien si Veronica Bennett ne se sentait pas littéralement prisonnière dans le manoir de Collina Drive comme ce Jonathan Harker l'est dans le gigantesque château du comte Dracula. Une prison dorée, une détention quatre étoiles mais une détention tout de même.

Un personnel plus que discret et auquel il lui est interdit d'adresser la parole passe sa journée à faire les lits comme les innombrables cuivres, préparer les repas (la cuisine lui est proscrite) et tondre la pelouse. Sortir ?

— Sortir ? lui demande innocemment Spector. Mais pourquoi diable ? Tu as tout ce dont tu as besoin ici. Inutile d'aller fatiguer tes belles jambes avec des allers-retours en ville. Si tu as besoin d'un truc qui par extraordinaire ne se trouverait pas ici, Mac irait illico te le chercher, garanti.

Mac. Pour Mac Mashourian, un Arménien colossal à la présence… tranquillisante en qui Spector possède une confiance absolue. Mac fait office de garde du corps – et qui oserait affronter cette montagne de muscles souvent surmontée d'une toque d'astrakan ? Spector lui a aussi confié les clefs de la Rolls.

— Il est doux comme un agneau, glisse-t-il à Veronica pour la rassurer. D'ailleurs, je vais lui faire faire du cinéma, garanti.

Voilà : depuis le flop de la chanson-dont-on-ne-doit-surtout-pas-prononcer-le-nom, Phil Spector est fâché sérieux avec la musique. Il a pris ses distances avec le milieu, a laissé s'envoler Sonny Bono comme Jack

Nitzsche -ses meilleurs atouts- et l'ensemble des artisans qui ont façonné SON mur du SON se sont éparpillés comme une volée de moineaux, offrant leurs services à qui le voudra. Philles Records est moribond et Veronica Bennett n'a plus mis les pieds dans un studio depuis – elle ne compte plus les mois ; mais peut-être devrait-elle compter en années ? Non, désormais, et par l'entremise de Dennis Hopper en qui il voit quelque chose comme un Orson Welles sous acide, Phil Spector se rêve en magnat du cinéma. Il va produire le prochain film, pardon, le premier film de Hopper, *The Last Movie*, qui s'inspire du tournage des *Quatre Fils de Katie Elder* de Henry Hathaway que Hopper vient de quitter.

— Un chef-d'œuvre, s'emballe Spector dans les médias qui veulent bien lui tendre leur micro et aux quelques relations qu'il reçoit encore à Collina Drive. Palme d'Or assurée et Oscar du meilleur réalisateur pour Hopper, garanti ! Vous savez, l'art est un jeu. Si vous gagnez ce jeu trop régulièrement, vous avez tendance à perdre votre motivation. J'ai aimé faire de petites symphonies pop pour les ados, c'est sûr, mais je passe maintenant à l'Art avec un grand A.

Alors que pas un coup de manivelle n'a été tourné, Spector réserve deux cents billboards rien qu'à Los Angeles.

— Pour quelle date, Monsieur Spector ?

— Pour l'année prochaine, mettons ! Je vous précise les dates au plus vite, ne vous inquiétez pas.

Phil Spector ne le précisera jamais car le film ne se fait pas – du moins pas encore et de toute façon, ce sera sans lui. Une galère de plus. Un échec supplémentaire. Une frustration en cadeau bonus. Pas grave : Hopper le branche sur son prochain projet, qui lui va se concrétiser : *Easy Rider*, l'épopée motorisée et complètement défoncée de deux freaks entre Los Angeles et la Nouvelle Orléans où ils veulent absolument parvenir pour assister au carnaval de Mardi-Gras.

— Phil, avance Hopper, j'ai une idée du tonnerre : tu vas jouer le rôle le plus important, celui sans lequel l'aventure ne peut pas se faire, celui du dealer, au tout début, celui qui contrôle la dope.

— Mais, Dennis, tu sais mieux que personne que je ne me drogue pas, s'excuserait presque Spector de sa toute petite voix.

— T'inquiètes, on va pas te faire sniffer pour de vrai, on mettra du sucre glace ! Écoute, je vois parfaitement la scène : en bout de piste à l'aéroport, tu te pointes en Rolls, la tienne, *natürlisch*, et avec ton comique au volant, le balèze là, Mac Machin.

— Mashourian, Mac Mashourian. Oui, ça me botte mais ne me filme pas trop près des avions, j'en ai une peur bleue.

— T'inquiètes.

Par une fraîche matinée de ce début de printemps 1968, Phil Spector rejoint l'équipe de tournage sur une bretelle d'accès en bout d'une piste de LAX, l'aéroport international de Los Angeles. Il a été drivé par un Mac

Mashourian rendu particulièrement menaçant par l'accessoiriste (à son éternelle toque d'astrakan se sont ajoutées des lunettes mouches qui épousent l'arrondi de son visage de sicaire ottoman plus une canne à pommeau "tête de mort" que Dennis Hopper a rapportée de la Nouvelle Orléans où le tournage a débuté, quelques jours plus tôt, en plein Mardi-Gras). Spector est fébrile : il va devenir comédien. Pour de vrai.

— La scène est muette, le rassure Hopper, rien de compliqué tu vas voir : tu arrives doucement dans la Rolls pour la transaction. Peter (Fonda) et moi, on t'attend à l'arrière de ce pick-up Ford, tu vois.

— Pour me glisser dans le personnage, j'ai pensé à ces lunettes jaunes, tu vois, et puis cette casquette un peu Beatles.

— Impeccable, Phil ! Avec tes bottes cubaines et ta veste en daim, on dirait un vrai putain de dealer de South Central !

Et ça tourne. La Rolls approche doucement des deux motards campés par Fonda et Hopper. Spector s'en extrait pour se placer à l'avant du pick-up où, à l'aide d'une minuscule cuillère, il goûte la cocaïne et semble parfaitement satisfait de sa qualité… et pour cause, c'est de la *mexicaine* pure à la place du sucre glace promis ! La scène ne dure pas trois minutes et est mise en boîte en une unique prise. Le rôle est évidemment simplissime mais on dirait que Spector a fait ça toute sa vie – alors qu'il n'a jamais effectué qu'une apparition l'année précédente dans un épisode de *Jinny de mes rêves* (*I Dream of*

Jeanny avec un jeune Larry Hagman, futur J. R. de *Dallas*) où il auditionne un groupe ; bref, il n'a fait rien d'autre que de jouer Phil Spector, ce qu'à l'évidence, il sait le mieux faire.

Lorsqu'il rentre, lorsque la Rolls Royce Silver Cloud noire le ramène au manoir, Spector est excité comme une punaise de lit sur la jambe d'un nourrisson.

— Chérie *honey* ! Veronica ! Baby, tel que tu me vois, saches que tu as devant toi le prochain Jimmy Dean – yep, et c'est pas des craques : c'est le partenaire de Dean dans *La fureur de vivre* qui vient de me le souffler à l'oreille : "*Ouais, Phil, tu me rappelles tellement Jimmy ! Putain, ton truc c'est le cinéma, pour sûr*". Signé Dennis Hopper, garanti.

— Oh, Phil, c'est fantastique, je suis tellement heureuse pour toi. Pour nous ?

— Ouais et c'est pas tout : sans te le dire, j'ai divorcé d'avec l'autre folle et dans huit putain de jours, tu deviens ma femme pour de bon. Madame Veronica Spector.

Psychostimulé par la poudre immaculée, le jeune retraité de l'industrie musicale et autoproclamé nouvelle star du Septième Art s'enflamme, établit des listes apparemment sans fin d'invités tous plus prestigieux les uns que les autres :

— Les Beatles vont venir chanter pour notre mariage – j'ai eu John hier, ils sont ok ; tu te rends compte, ils n'ont plus joué en public depuis deux ans ! Je me suis rabiboché avec Elvis, il sera de la partie, garanti ! Et puis

Aretha Franklin, Dionne Warwick ! Et les Temptations, les Supremes ! Et Marvin Gaye ! Otis Redding !

Jusque-là, Veronica absorbait tout ce que déblatérait ce fiancé qu'elle ne reconnaît qu'à moitié tant son propos est haché, son débit mitraillette et ses yeux exorbités. Après tout pourquoi pas : les Beatles, Elvis, Aretha, oui, pourquoi pas, mais Otis... voilà quatre mois qu'il est mort dans le crash de son Beechcraft... Otis... Otis... Otis...

— Mais Otis, Phil, Otis...

— Otis, j'en fais mon affaire : il sera là.

Et le mariage a bien lieu, le 14 avril 1968, au moment même où, de Tunis à Varsovie en passant par l'Italie du Nord et en attendant Tokyo, Prague et Paris, la jeunesse étudiante donne de la voix. Oui, le mariage a lieu. Sans Otis, ça va sans dire, sans les Beatles et sans Elvis et plus grave, sans Phil Spector qui plante tout le monde après avoir dit oui et sans même assister au concert de Mahalia Jackson auquel il a invité toute la noce. En clair, il laisse Veronica solo pour leur première nuit maritale. Motif:

— Je dois aller voir ma mère.

Lorsqu'elle se réveille, pâteuse, le lendemain matin, c'est pour se rendre compte que son époux est en train de faire construire une clôture autour du manoir, "*par sécurité*", assure Spector. Trois jours plus tard, il revient de la ville, cette ville qui lui semble à elle bien lointaine, presque inaccessible, trois jours après, Phil Spector en a ramené un gros chien jaune qu'il lâche dans le jardin, dans l'enclos. *Par sécurité.* La semaine suivante, débarquent deux barzoïs qu'il assure eux aussi être *doux comme des agneaux* mais qui semblent bel et bien quadriller le jardin… autant pour empêcher quelque intrus d'y pénétrer que pour s'assurer que personne ne puisse s'en échapper. À partir de ce moment, Veronica sombre dans un nouveau cauchemar, un cauchemar apparemment sans fond et qui la ramène encore et toujours aux mots que Bram Stoker écrivit à la toute fin du XIXe siècle : *"Prisonnier ! Quand je compris ça, je crus devenir fou ! (…) Je suis certain d'une seule chose, c'est qu'il est absolument inutile de faire part au comte de mes sentiments. Mieux que quiconque, il sait que je suis prisonnier ici ; il l'a voulu, et sans aucun doute a-t-il ses raisons pour cela ; si donc je me confiais à lui, il est trop évident qu'il ne me dirait pas la vérité."*

Sans doute Phil Spector n'est-il pas un suceur de sang mais, à l'instar du comte Dracula, c'est un geôlier tout-puissant. Souvent mythomane, parfois cinglé, toujours inquiétant. Et maladivement jaloux.

Pour son anniversaire, Phil Spector offre à Veronica une splendide Chevrolet Camaro orange et blanche… entièrement siglée à son monogramme : V.S., pour Veronica Spector.

— Et attends, j'ai une surprise pour toi, lui précise Spector, tout excité. Pour que tu penses toujours à moi et que personne ne vienne t'emmerder lorsque tu seras au volant, je vais placer un bonhomme gonflable… à mon effigie à la place du mort.

Et de sortir de la malle un Phil Spector de baudruche presque encore plus flippant que le vrai et qu'il sangle à l'avant droit du véhicule. Ainsi, les rares fois où elle aura l'autorisation de sortir en ville ("*tu es de retour dans une heure*"), Veronica se sentira encore plus surveillée, encore plus isolée. Encore plus prisonnière. Bientôt, elle cessera tout bonnement de sortir. Car Phil Spector a ce qu'il faut de sadique. Comme lorsque Veronica chute dans un escalier et qu'il paye grassement le médecin pour lui faire plâtrer entièrement la jambe alors que selon toute évidence, elle ne souffre que d'une bête entorse. Façon de la contraindre à demeurer immobile quelques semaines dans leur manoir de Collina Drive. À vingt-cinq ans, Veronica se retrouve en chaise roulante et la tête farcie de pilules rouges et bleues, au bon vouloir du maître tout-puissant dont elle demeure toujours plus ou moins amoureuse et à qui elle rêve d'offrir un enfant, la solution manifeste à leur problème de couple. Mais cela ne fonctionne pas, ce, malgré les prises multi-quotidiennes de température, un régime drastique à base de tisanes et de décoctions dégueulasses et une relecture assidue du Kamasutra. Rien.

— Et si on adoptait ? lance-t-elle un soir, persuadée de se prendre un vent.

Ainsi posée, l'idée germe à une vitesse fulgurante sous le crâne dégarni du producteur et, quelques semaines plus tard, Phil Spector revient au manoir avec un petit métis qu'il présente à Veronica comme s'il s'agissait d'un chiot :

— Voici Donté, c'est notre enfant.

Il n'y a rien à ajouter. D'ailleurs, il a déjà fait imprimer le faire-part, un truc pompeux présentant le mouflet comme "*la dernière production à succès de Phil et Veronica Spector*", une espèce de scénario à deux balles ou le synopsis d'une mini-pièce de théâtre :

ACTE UN :

SCÈNE :

Hôpital… 23 mars 1969

ACTION :

Un petit garçon né prématurément… La mère va bien… L'issue de la grossesse est ambiguë…

Les parents rentrent chez eux, nerveux… Le bébé reste à l'hôpital.

DEUXIÈME ACTE :

SCÈNE :

Quatre semaines plus tard, à l'hôpital.

ACTION :

Le bébé se porte bien… Il s'appelle Donté Phillip. Les parents sont ravis, mais hésitent encore à admettre le succès de l'opération. Ils n'en reviennent pas !

ACTE TROIS :

SCÈNE :

Dix semaines plus tard.

ACTION :

Le bébé rentre à la maison avec sa mère et son père. Le poids du bébé est de onze livres. Les parents y croient ! Fin de l'épreuve… Fin heureuse.

Vous venez d'assister à une production

Veronica et Phil Spector

Dernière lubie en date, Spector arbore désormais une espèce d'afro, "*pour faire plus papa*" d'une part, mais aussi pour être raccord avec Sonny Charles dont il a exceptionnellement accepté de produire l'album et ce *Blackpearl* qui connait son quart d'heure de gloire dans les charts. Voilà donc Veronica Spector mère de famille, du moins sur le papier, car Spector a engagé une nounou à plein temps et elle a la formelle interdiction de s'occuper elle-même des changes comme des biberons. On s'en doute, cela ne résout rien à leurs difficultés matrimoniales. Quant à sa carrière, eh bien sa carrière se conjugue bel et bien au passé, au lointain passé. À moins que…

— Baby, fais tes valises, on part pour Londres, éructe Spector un beau matin. Les affaires reprennent et plus vite que tu ne pourrais l'imaginer : je t'ai signé un contrat chez Apple, la maison de disques de nos copains Beatles. Dépêche-toi !

Easy Rider a beau avoir été un énorme succès en salles, personne ou presque n'y a remarqué la prestation de Phil Spector au tout début du film – il faut répéter que la scène est muette et ne dure pas trois minutes – et celui-ci a décidé de reprendre le chemin des studios, mais d'enregistrement s'entend. Le déclic : un coup de téléphone d'Allen Klein, ce New-yorkais qui gère désormais les affaires d'Apple et des Beatles. Klein demande à Spector de venir ''sauver'' l'album que les Beatles ont tant de mal à mettre en boîte et pour lequel le pourtant placide George Martin a rendu son tablier. Les quatre ne retrouvent pas l'étincelle des premières années, ils ont perdu le secret de leur si parfaite alchimie ; ils sont quelque peu paumés... alors... Alors Spector a immédiatement répondu présent, pensez, sauver le plus grand groupe du monde c'est un peu devenir le Cinquième Beatles, cinq ans qu'il en rêve. Mais pour toujours avoir un œil sur Veronica, il a fait promettre à Klein que les garçons lui écriraient une paire de chansons qu'elle enregistrerait à Abbey Road. C'est George Harrison, aussi fan du travail de Spector que des Ronettes, qui s'y colle. Mais il a déjà donné ses meilleures cartouches pour l'album des Beatles – et surtout, il en garde sous le pied pour ce qu'il devine se profiler à court terme, la fin du groupe et une carrière solo. Les deux chansons qu'il offre à Ronnie (lui, continue à l'appeler ainsi) sont, disons le mot, merdiques. Et pas même dans une tonalité correspondant à la tessiture de la jeune femme. Le 45 tours *Try Some, Buy Some* est un flop retentissant. Alors Veronica-Ronnie retourne à Los Angeles et son manoir prison. En l'absence de Spector, elle trouve refuge dans l'alcool et les cigarettes mal roulées. Manque foutre le feu à la baraque et finit par plier la Camaro contre un platane.

Rentré d'urgence en Californie, Phil Spector la colle d'autorité aux Alcooliques Anonymes avant de l'y retirer pour mieux la cloîtrer dans sa chambre par les fenêtres de laquelle elle entend les chiens – il y en a six désormais – hurler comme les "*enfants de la nuit*" du roman de Stoker et voit les clôtures de plus en plus infranchissables. Prisonnière. Faute de liqueur et de vin bon marché, elle se gave désormais de pilules, passe ses journées devant la télévision, ne regarde rien, oublie tout. Elle ne fait qu'apercevoir Donté, son fils. Son fils ?

— Donté va bien, ma chérie, tente de la rassurer Spector. La nounou s'en occupe parfaitement bien. Tu es encore bien trop fragile, ne t'inquiètes pas, il grandit. Recouche-toi.

Dormir, toujours dormir, quel ennui. Une nuit qu'elle ne se sent pas trop abrutie par les drogues, Veronica s'extrait de sa chambre en simple chemise de nuit. La porte n'en est jamais verrouillée, ça tombe bien. Toutes celles donnant sur le même couloir, elles, le sont. Très doucement, elle descend l'escalier menant au rez-de-chaussée, tout est calme ; apparemment, le manoir est vide, vide de tout serviteur, vide de toute âme. Elle se dirige alors vers la porte principale : fermée à double tour, naturellement. En explorant plus avant le rez-de-chaussée, Veronica découvre une porte beaucoup plus petite qu'elle n'avait encore jamais remarquée. Les phrases de Stoker résonnent dans sa tête et sa visite nocturne se confond avec celle de Jonathan Harker dans le château de Dracula : *"Cette porte était ouverte et donnait accès à un couloir aux murs de pierre qui lui-même conduisait à un escalier en colimaçon fort abrupt."*

Avec mille précautions, Veronica descend la volée de marches pour se retrouver dans un couloir obscur aux émanations de terre fraîchement retournée, couloir qu'elle emprunte à son tour et qui débouche sur une vieille chapelle au milieu de laquelle trônent…

deux cercueils de verre comme celui de Blanche Neige dans le dessin animé de Walt Disney : dans l'un d'eux est étendu Phil Spector. L'autre est vide mais une plaque dorée précise qu'il lui est destiné. Épouvantée, Veronica se retourne précipitamment pour fuir… ce qui a pour résultat de réveiller son effrayant mari.

— Je t'attendais ma chérie, précise-t-il, menaçant. Tu vois ce qui t'attend si tu tentais de quitter le manoir, si tu essayais de me quitter ! Je te tuerais de mes mains et tu finirais ici. Ta tombe est prête, mon amour ; regarde, elle est déjà creusée. Je viendrais t'y voir tous les jours que Dieu fait, garanti.

Émotionnellement anéantie, Veronica s'écroule – elle ne se réveillera que deux jours plus tard dans son lit.

— Veronica, tu as fait une rechute, je le sais, j'ai retrouvé une bouteille de whisky – ça ne fait vraiment pas bon ménage avec les médicaments qui eux te font du bien.

— Mais les cercueils, je les ai bien vus ! Je n'ai pas rêvé, Phil !

— Voilà deux jours pleins que tu délires et enchaînes cauchemar sur cauchemar avec ces histoires absurdes de tombe à ton nom…

— Je veux voir ma mère !

— Elle sera là demain. Dors maintenant. Bonne nuit mon amour.

Pour une fois, Phil Spector ne ment pas et le lendemain, Beatrice Bennett arrive de New York. Phil Spector a évoqué une dépression postnatale et un possible problème d'alcool, "*mais rien de grave, ne vous inquiétez pas, Madame Bennett*". Laquelle opine mais n'est pas dupe.

— Ton mari est cinglé, lâche-t-elle tout de go. Il te faut partir d'ici au plus tôt.

— Mais maman, toutes les portes sont closes, et puis il y a les chiens, la clôture et les serviteurs ont des ordres.

— En tant que mère, je vais te prescrire des balades dans le jardin, il n'y a rien de plus sain et que veux-tu qu'il me fasse ton petit prépucé avec ses talonnettes et ses perruques afro ? Il a juste intérêt à rentrer ses clébards le temps de notre petite balade.

Impressionné par le ton de Beatrice Bennett, Phil Spector accepte la promenade fortifiante. Et puis quoi : c'est en mules que Veronica va la faire. Il n'a rien à craindre.

Mais c'est en mules et au bras de sa mère que Madame Phil Spector quitte à jamais le manoir de Collina Drive.

Sans jamais se retourner.

My Sweet Lord • George Harrison

George

(flashback)

Or donc, les Beatles auraient fait des pieds et des mains pour que Veronica Spector rejoigne leur jeune maison de disques, Apple Records, et en étoffe quelque peu le catalogue encore principalement constitué des sorties du groupe (les toutes dernières), des premiers projets solos de ses membres, principalement John, Paul et George, et de quelques jeunes pousses façon Mary Hopkins ou James Taylor. Ce n'est pas tout à fait exact. Comme suggéré plus avant, le groupe, du moins, son nouveau Guide Suprême, le nouveau manager tout-puissant, Allen Klein, a contacté Phil Spector pour lui proposer, le supplier presque, de venir donner un sens aux kilomètres de bande magnétique que les quatre garçons, plus tellement raccord, et rarement au complet, ont empilé dans les studios ciné de Twinckenham puis dans ceux de taille heureusement plus réduite de Apple, dans le but avoué de retrouver la niaque et le pur rock'n'roll des débuts – et en prévision d'une salve de concerts qui, on le comprendra bien vite, n'auront jamais lieu.

— Écoutez Phil, les garçons vous adorent, vous le savez mieux que quiconque, et moi-même je suis un de vos plus grands fans, assène Klein dans une communication téléphonique transatlantique de longue haleine.

—Je vous entends parfaitement, Monsieur Klein. Mais vous savez, j'ai un peu levé le pied sur la production de disques, j'ai pris du recul quant à l'industrie musicale. Je suis passé au cinéma et puis, j'ai une vie de famille aussi, désormais.

— Vous êtes le meilleur et vous resterez le meilleur ! Il y a des centaines de bandes contenant des dizaines de nouvelles chansons qui dorment sur des étagères ; si c'est pas malheureux… Il n'y a que vous, Phil, pour donner un sens à tout ce fatras et offrir une nouvelle chance aux garçons.

— Les garçons… ou ce qu'il en reste. D'après ce que j'entends de ce côté de l'océan, il semble même que Paul soit mort et que la pochette de leur dernier album soit littéralement truffée d'indices le prouvant.

— Un ramassis de conneries, si vous voulez bien me croire ! Paul est tout ce qu'il y a de vivant. Seulement, il est dans le même état d'esprit que vous, il fait comme vous : il s'occupe de sa petite famille.

— Bon, mais est-il au moins d'accord pour que je mette mon nez dans leurs couches sales ?

— Absolument ! Il en est ravi ! Alors, c'est d'accord ? Vous venez ?

Et Phil Spector vint, quand même drôlement excité par le projet : apposer son nom sur un disque des Beatles – probablement leur tout dernier –, un fantasme qui le travaille depuis cette arrivée à Kennedy au milieu des quatre garçons ; comme s'il avait été l'un d'eux. Oui, Phil Spector vint mais il ne vit que les ruines de ce qui avait été le plus grand groupe du monde. Leur société, Apple Corps, risque la banqueroute à tout moment, et les garçons ne se parlent plus vraiment. Allen Klein avait menti. Certes, Paul McCartney n'était pas mort, mais il n'était même pas vraiment au courant du rôle que devrait jouer Spector. Et il semblait s'en foutre, mais s'en foutre… Spector, après tout, c'était surtout le copain de George et de John ; pas le sien. Et puis finalement, c'est Klein qui l'avait amené – or Macca le déteste cordialement. "*On verra bien*", pensait Paul, pour qui les Beatles étaient à deux doigts de devenir de l'histoire ancienne.

À 30 ans, Phil Spector reste très partagé sur l'Angleterre. Il trouve la bouffe globalement "*abominable*", la météo "*presque aussi pourrie qu'à New York*", la mode "*souvent très amusante*", les bagnoles "*fabuleuses*", le système politique "*délicieusement archaïque*" ; quant à ses "*copains Beatles*", il les comprend "*au bout du bout du rouleau*". C'est en John et de loin qu'il se reconnaît le plus. Spector comme Lennon sont des inadaptés de la vie. Tous deux ont été orphelins à un trop jeune âge, de père pour le premier, de mère pour le second, renversée par une voiture. Ils se considèrent chacun comme le frère qu'ils n'ont jamais eu. En studio, Lennon – et donc Yoko qui ne le quitte plus d'une semelle – n'est jamais loin de Spector qui s'échine à faire du Spector et se croit au Gold Star dont il s'est juré de retrouver le légendaire écho. Il appelle Ringo Starr pour qu'il double ses parties de batterie, convoque des dizaines de violons et un chœur féminin, sans oublier un plein camion de requins pour rebâtir son foutu Mur du Son. Quitte à obtenir un résultat à l'exact opposé de ce que souhaitait le groupe – retrouver la pureté rock des débuts. Ce dont Spector se fout éperdument : son frère Lennon est cent pour cent d'accord avec tout ce qu'il entreprend et Allen Klein paie rubis sur l'ongle la moindre de ses espiègleries. À Londres tout au moins, Phil Spector est toujours l'empereur des studios d'enregistrements, un cador ; une épée.

Lorsqu'il découvre ce que Spector a fait de *The Long and Winding Road* – une pièce montée dégoulinante de violons sirupeux –, Paul McCartney sort de ses gonds :

— Qu'est-ce que c'est que cette merde ? Comment a-t-on osé ? C'est une ingérence intolérable ! Eh bien, puisque c'est comme ça, puisque des petits malins venus dont on ne sait où – que oui, on le sait ! – n'hésitent plus à magouiller dans mon dos et à défigurer mes chansons, je me casse. Les Beatles, pour moi, c'est fini ! F.I.N.I !

Et de mettre ses menaces à exécution : il envoie un mémo furieux à Allen Klein (*"Ne refais plus jamais ça !"*) et truffe le dossier de presse qui accompagne la sortie de son premier album solo d'une pseudo-interview dont il a rédigé questions comme réponses. Mine de rien, Macca y glisse le bref mais définitif : *"Je n'ai pas l'intention d'enregistrer ou de jouer à nouveau avec les Beatles. Ni d'écrire à nouveau de la musique avec John"*.

Voilà : la chose couvait depuis deux ans, les trois autres avaient déjà individuellement menacé de quitter le navire, l'avaient effectivement fait pour finalement revenir. Paul lui-même avait tenté de multiples rabibochages, baissant la garde, lâchant du lest, s'autopersuadant qu'un hypothétique miracle était toujours possible, qu'on n'effaçait pas dix ans d'amitié et d'aventures et vingt fois plus de chansons à cause de bêtes fâcheries ou de problèmes de gonzesses. Seulement voilà, Brian Epstein, l'inventeur au sens découvreur du groupe, le manageur historique, le médiateur de l'impossible, Brian Epstein avait quitté la piste quelques mois plus tôt, victime du cocktail barbituriques-alcool maintes fois éprouvé depuis. Après, ça avait été chacun pour soi. John Lennon avait imposé Allen Klein, lequel avait sorti Phil Spector de son chapeau et le résultat était catastrophique. Sauf dans les hit-parades où l'album, *Let It Be,* caracole en tête. Mais dans la presse, notamment musicale, Phil Spector s'en prend plein la tête. On l'accuse d'avoir tout bonnement massacré l'esprit et la musique du groupe et, *mezza voce,* d'être le principal responsable de sa mort ; ce qui est lui donner un poids qu'il n'a jamais eu. Pour lui et pour lui seulement semble-t-il, la parenthèse Beatles n'est pas tout à fait terminée. Et il va en profiter cette fois pour vraiment sortir le meilleur de lui-même – et offrir de véritables chefs-d'œuvre à deux ex-Beatles, John Lennon et George Harrison, les seuls à n'avoir jamais douté de son génie.

Il y a d'abord *Instant Karma,* torché par Lennon en moins d'une heure et mis en boîte par Spector en à peine plus de temps, retrouvant l'urgence minimaliste des premiers enregistrements d'Elvis chez Sun : batterie ultra-sèche, clappements de main, piano doublé, voix torturée et bourrée d'écho ; un himalaya de simplicité et d'efficacité rock – sans doute pas très éloigné de ce dont rêvait McCartney pour *Let It Be*... Paradoxe : *Instant Karma* est encensé par une critique dithyrambique mais ne se classe que troisième des charts britanniques. La production de Spector est particulièrement louée, ce qui conforte ce dernier de prolonger un peu son séjour londonien. En produisant en parallèle les premiers albums solos de Lennon et de Harrison, donc. Pour Lennon, les choses se passent pour partie à distance ; en effet, John et Yoko viennent de s'enticher d'Arthur Janov dont ils suivent le traitement, cette thérapie primale consistant, en quelques mots, à faire revivre ses traumatismes les plus enfouis à ses patients – à commencer par cet acte d'une "absolue cruauté" qu'on nomme "naissance" et qu'on revivrait en poussant le "cri primal" censé être celui du nouveau-né. Seulement, Janov ne quitte quasiment jamais la Californie...

— Phil, lui annonce Lennon tout de go, Yoko et moi devons aller passer quelques semaines à Los Angeles pour suivre les traitements de Janov – bon sang, tu devrais essayer, wow ! tout ressort dans un torrent de cris et de larmes et tu te retrouves comme un tout petit bébé sur le carrelage de la maternité ! Tu devrais essayer, vraiment.

— Vous me raconterez, John, à votre retour. J'ai encore pas mal à faire, ici à Londres – je bosse sur l'album de George, tu le sais. Vous descendez où, à L.A ?

— Au Biltmore, probablement, ou au Château Marmont ; qu'est-ce que t'en dis ?

— J'en dis, j'en dis que vous n'allez pas vivre comme des touristes à la noix. Non : ma maison est à vous pour le temps que vous voudrez… Tut tut ; je n'ai qu'un coup de téléphone à donner pour que tout soit prêt à votre arrivée.

— Phil, vraiment…

— N'insiste-pas, John. C'est cadeau, ça me fait plaisir.

Ce que ne précise pas Spector à son frère John, c'est qu'il a demandé à son personnel de Collina Drive de lister dans les moindres détails tout ce que John, Yoko et la petite cour qui ne va pas manquer de graviter autour d'eux vont consommer chez lui et à envoyer la facture au bureau d'Allen Klein, chez Apple Records – qui va en outre devoir payer des frais d'hébergement dignes d'un palace de Sunset Boulevard, Château Marmont ou autre, et qui doit déjà s'acquitter du défraiement proprement élyséen de Spector dans la capitale anglaise (restos-limos-dodo). Mais qu'on en juge : les quantités de Weetabix, de lait et même de thé assam sont notées sur un grand cahier après chaque petit-déjeuner ; les commandes aux restaurants indien ou végétarien du coin, soigneusement décomptées et le cellier rigoureusement inspecté. Et naturellement, chaque semaine que le jeune couple passe au manoir, la douloureuse est envoyée au QG Apple sur Savile Row. Qui règle Spector rubis sur l'ongle – on a vu plus élégante façon d'inviter chez soi une paire d'amis, dont un "presque frère". Qu'importe.

Le moins qu'on puisse en juger est que l'autre Beatles dont s'occupe alors Spector n'a pas la même notion du temps que Lennon. À l'urgence de *Instant Karma,* George Harrison répond par des dizaines de chansons dont la trame est couchée dans d'innombrables cahiers et de nombreuses démos ont d'ailleurs été réalisées. Spector est impressionné :

— George, c'est fabuleux ! Il y a là matière à deux ou trois albums successifs.

— Nan… ça fait des années que je ronge mon frein, que j'écris comme un damné mais que je n'ai le droit qu'à caser une ou deux chansons par album des Beatles. C'est comme si j'avais été constipé pendant toutes ces années ; et bien là, je vais tout sortir d'un coup ! La délivrance.

— Mais il faudrait un triple album pour contenir toute cette… production ! Personne n'a jamais fait ça.

— Et ça, c'est quoi ? Un double 45 tours, peut-être ?

Ça ? La bande originale "*and more*" du film documentaire sur le festival de Woodstock, un lourd et effectivement triple album qui n'a pas encore atterri dans les boutiques mais que George Harrison a reçu la veille en avant-première.

— Oui Phil, on va faire un triple album et on va niquer tout le monde… à commencer par Paul et sa petite merde d'album simple ; pouah, un album simple, t'entends ça Phil : un album simple ? Mais qui fait encore ça, en 1970 !

— Banco, George ! Va pour un triple album. Donne-moi deux jours pour que je rameute la crème des requins londoniens, convoque tes potes rock stars – je veux Clapton ! –, réserve le studio 1 d'Abbey Road et on démarre au plus tôt.

Les premiers temps, Phil Spector est emballé, presque autant qu'Harrison lui-même, et les séances démarrent avec des airs de superproduction hollywoodienne. Le producteur voulait Clapton ? Il a Clapton, mais aussi Ringo Starr et Billy Preston, le presque Beatles. Gary Wright de Spooky Tooth, Gary Brooker de Procol Harum, les cuivres des Rolling Stones, Bobby Keys et Jim Price, plus une demi-douzaine de guitaristes supplémentaires (Peter Frampton, Dave Mason). En prime, une ribambelle de moinillons à la robe safran et au crâne savamment rasé se succèdent toute la sainte journée pour servir le thé et un assortiment sans fin de plats végétariens qui donnent au studio 1 des airs d'ashram – la petite bande des dévots peut même à l'occasion taper dans leurs mains et offrir quelques chœurs – du moment qu'on loue la divinité bleu nuit… *Hare Krishna*.

Patiemment, Spector trouve ses marques et se met à l'ouvrage, plaçant et déplaçant musiciens et instruments comme un stratège militaire pour ériger une nouvelle version de son Mur du Son. Devant la cabine de contrôle, il ordonne une ligne de claviers, demi-queue Steinway, orgue Hammond B3, piano électrique Wurlitzer ; à gauche, les batteries de Jim Gordon, Alan White et du fidèle Ringo ; et au centre, les basses et guitares littéralement poussées par ce tonnerre de percussions.

L'intensité sonore est démente et les magnétos tournent, tournent. Les sessions démarrent en fin d'après-midi pour faire une pause d'une heure ou deux "*around midnight* ", le temps que Spector aille dîner d'autre chose que de riz complet et de pakoras tout en appelant son ex-femme Ronnie planquée à New York, pour quand même prendre des nouvelles de sa progéniture. Puis, alors que les Londoniens ont depuis longtemps gagné leur lit, lesdites sessions reprennent jusqu'à... sept ou huit heures du matin ; car Spector travaille à l'heure californienne. C'est peu dire qu'il ne voit pas le jour et ça le rend un brin irritable. D'autant que l'enregistrement n'avance pas aussi vite que le souhaite Harrison. Alors Phil Spector se met à picoler, ce qui n'est pas encore une habitude, un vice ; un moteur. Pour que le temps passe plus vite. Et on le voit désormais déambuler dans la cabine de contrôle un verre de cognac à la main. Le problème est que l'alcool le rend con. Et agressif.

— George, par pitié : dis à tes moinillons de rentrer dans leur temple, ça commence à me faire gerber leurs odeurs de curry ! Et on refait ta partie de guitare acoustique sur *My Sweet Lord*, bon sang !

Un soir, il s'écroule, rétamé. On le couche gentiment sur un canapé avant que, vaguement dégrisé, et comme si rien ne s'était passé, Philip Spector ne reprenne la session, en l'occurrence, *Behind That Locked Door*, perle country enrubannée des volutes de *pedal steel guitar* d'un maître du genre, Pete Drake, qui vient d'arriver de Nashville.

Après pas loin de cinq mois, *All Things Must Pass* est mixé aux studios Trident pour finalement sortir le 27 novembre 1970. Et c'est un triomphe absolu et une double victoire. Celle de George Harrison qui, comme il l'avait rêvé, "*nique tout le monde*" avec ce monument, et celle de Phil Spector dont le travail est unanimement loué, tant par la critique que par le public. *My Sweet Lord* se paie même le luxe inouï d'être le premier single d'un ex-Beatles à se classer numéro 1. Carton plein.

Ainsi regonflé, Phil Spector met la toute dernière main à l'album de John Lennon, pardon du Plastic Ono Band, qui sort un mois après le triple de Harrison. La production en est plus âpre, collant idéalement aux textes pleins de fiel de Lennon comme sur *God* où il ânonne, entre autres :

"Je ne crois pas en la Bible
Je ne crois pas en Hitler
Je ne crois pas en Jésus
Je ne crois pas en Kennedy
Je ne crois pas en Bouddha
Je ne crois pas en Elvis
Je ne crois pas en Zimmerman
Je ne crois pas aux Beatles
Je crois juste en moi
Yoko et moi
Et c'est la réalité
Le rêve est terminé, que dire d'autre ?"

Bien vu, John : oui, le rêve est terminé. Les Beatles ? Terminé. L'utopie hippie, pareil, finie. *John Lennon-Plastic Ono Band*, de ce fait, refroidit grandement les fans du quatuor qui prient chaque soir pour une reformation. Pour retrouver la magie – pour retrouver leurs jeunes années, leur adolescence. Tant Lennon que Spector vont tenter – et réussir – de redresser la barre pour l'album suivant de Lennon : *Imagine*. Avec pour unique credo :

— On va faire des chansons, John, des chansons, pas des cris.

Phil Spector n'en démord pas. Et il a raison. Pourtant, les sessions qui prennent place dans la maison du couple, près d'Ascot, sont parfois un brin mouvementées – comme lorsque Dennis Hopper rend visite à son pote Spector et que les deux lascars, pintés au rhum et au cognac, commencent à comparer les vertus de tel ou tel pistolet.

— Y a pas mieux que le Smith & Wesson calibre .38, assure Spector.

— Je l'trouve un peu lourd, je ne dois pas avoir le poignet assez solide. Je me sens plus à l'aise avec le Walther PPK, ça se glisse partout, et je trouve le chargement par recul vachement plus naturel. Tiens regarde…

Et Dennis Hopper d'extraire de son *battle-dress* le petit engin… sous l'œil effaré de John Lennon depuis longtemps adepte de la non-violence. Mais il pète vraiment les plombs lorsque Spector lui-même sort un .38 de son gilet pied-de-poule.

— Tu vois bien qu'il tient pas de place non plus, rigole-t-il.

John Lennon quitte précipitamment le studio pour se barricader dans sa chambre. Il n'en ressortira qu'après avoir eu la garantie que Dennis Hopper était reparti pour l'aéroport – et que Spector ne se pointerait plus ainsi armé.

— T'inquiète, John. Les flingues, c'est juste un sujet de plaisanterie avec Dennis, tu sais, il est un peu secoué ! Moi, les armes, vraiment, je ne sais même pas si j'aime ça. C'est juste de la décoration si tu veux ; je ne m'en suis jamais servi et ne m'en servirais jamais, tu peux me faire confiance.

Et John Lennon une fois encore accorde sa confiance à son génial producteur – musicalement, il n'a pas tort – pour le reste en revanche...

L'album *Imagine* est un immense succès, populaire et critique. Grâce naturellement à la chanson titre, mélange parfait d'utopie pacifiste et de pop song qui demeurera le titre le plus célèbre de Lennon – comme s'il n'avait rien écrit d'important auparavant avec ou sans son *alter ego* McCartney qu'il égratigne d'ailleurs méchamment sur la face B du 33 tours dans *How Do You Sleep ?* avec ses saillies pleines de fiel ("*La seule chose que t'ais jamais faite, c'est* Yesterday" et autre "*Les tarés avaient raison quand ils disaient que t'étais mort*").

Qu'importe : c'est un Spector gonflé à bloc qui retrouve son Amérique – et nous le fil de notre récit.

(fin du flashback)

Instant Karma • Lennon/Ono with the Plastic Ono Band

John

On ne saura probablement jamais comment un jeune rabbin lituanien promis à un bel avenir de *shohet*[1] dans la communauté juive de Salant a un beau jour de 1885 débarqué à Ellis Island sous l'identité de Dov Behr Manischewitz, un défunt dont il a acheté le passeport. En revanche, on devine très bien pourquoi : le jeune homme n'a pas la moindre envie d'aller se faire massacrer pour les beaux yeux d'Alexandre III et de la Sainte Russie, ni à la guerre, ni dans quelque pogrom que le nouveau tsar semble vouloir remettre à la mode. Il veut brouiller les pistes, sauver sa peau ; repartir de zéro. En Amérique, tout semble possible, alors le voilà, du haut de ses vingt-huit ans, Dov Behr Manischewitz, bien décidé à demeurer dans le domaine alimentaire mais sans avoir à saigner les animaux pour les rendre propres à la consommation. Et un jour que le pain s'en vint à manquer, Manischewitz décide d'en fabriquer. D'abord dans sa cave, mais c'est sombre et surtout étriqué, alors, comme il est déjà américain, il s'agrandit.

Nous sommes à Cincinnati, et le rabbin, tel un Henri Ford du pain azyme, innove, rationalise et devient le roi de la *matzah* qu'il exporte dans le monde entier. Pourtant, c'est pour un autre produit que Dov Behr Manischewitz est plus connu : le manischewitz, du vin. Enfin, du vin,

1. Tueur selon le rite d'abattage hébraïque.

c'est quand même beaucoup dire. Techniquement oui, c'est du vin (en gros, du jus de raisin fermenté), mais sa très forte teneur en sucres résiduels issus du maïs le fait hésiter entre un soda sans bulle et du sirop contre la toux. C'est une boisson bon marché qui connaît un essor considérable durant tout le XXe siècle pour devenir rien moins que le vin cacher par excellence, celui qu'on débouche, pardon, qu'on dévisse à *Pessah*, qu'on expose dans la moindre scène cinématographique censée représenter un repas juif et celui dont le slogan publicitaire – "*Man, oh, Manischewitz !*" – est sur toutes les lèvres – y compris sur celles d'Eugene Cernan lorsqu'il met les pieds sur la Lune devenant de facto le dernier homme à avoir foulé le sol de notre unique satellite. Nous sommes en 1972. À trois cent quatre-vingt-quatre mille kilomètres de là, sur le plancher des vaches, des centaines de milliers d'individus – dont pas mal de clodos – serrant la boutanche dans un sac en kraft – trinquent à la santé du commandant d'Apollo 17.

Lorsqu'il revient à Los Angeles après son long séjour londonien, Phil Spector lui aussi se prend d'amour pour le manischewitz. Sans doute cela lui rappelle-t-il quelque *shabbat* sur Manor Avenue, il y a si longtemps, lorsque son père ne l'avait pas encore abandonné. Pour être franc, Spector n'aime pas vraiment l'alcool, entendez, les alcools forts, le whisky notamment, trop âpre, trop brutal. Il en aime les effets, pas le goût. Avec son côté invraisemblablement édulcoré, le manischewitz coule facilement dans sa gorge. La publicité précise aujourd'hui qu'il “*convient aux végétariens car il n'est pas entré en contact avec des sous-produits animaux*”. De par sa terrifiante proportion de sucre, le manischewitz est en revanche fortement décommandé aux diabétiques. Or Spector, et c'est l'un des seuls héritages de son père, est diabétique. Il ne tient en outre pas du tout la bouteille. Et devient facilement irritable, grossier, imbuvable. Il oublie alors ses talonnettes et ses perruques ; il se prend pour un homme, un vrai. Pour renforcer ce sentiment de virilité, Phil Spector ne se déplace en outre plus sans arme. Et parle comme Marlon Brando dans *Le Parrain* – avec de la mie de pain dans les joues. D'ailleurs il passe en boucle le film de Coppola seul ou pour les quelques invités qui continuent de fréquenter le manoir désormais bien vide de Collina Drive. Il mime les scènes à l'envi, les repasse, attend les compliments de son auditoire et cela dure comme ça des nuits entières – les portes sont fermées et on s'en va lorsque le maître en a ainsi décidé.

— N'essayez pas de partir sans mon accord, précise-t-il. Si je ne les préviens pas, mes hommes dehors vous tireront dessus. Et puis il y a les chiens ! Ne croyez pas que je sois parano, mais tellement de gens essaient de pénétrer chez moi… pour me voler mes secrets… mes disques d'or... Allons, soyez raisonnables, restez encore un peu.

C'est à ce moment-là que ses hôtes, ceux qui croient encore en lui, se demandent s'il faut en rire ou bien pas. Parce que tout de même, ils les ont bien vus les grillages, le barbelé, les projecteurs façon stalag et les panneaux “*Warning ! No Trespassing !*” ; ils les ont bien entendus les chiens. Même s'ils ne peuvent y croire, "*Phil est un taquin*", la sensation fort désagréable d'être prisonniers naît en eux. En général, Spector dégèle la situation en se lançant dans un exercice d'imitation – il singe remarquablement Elvis Presley, Al Pacino (quelques répliques du *Parrain*, évidemment), Sammy Davis Jr., James Cagney et son copain John Lennon. Alors, tout le monde se met à rire et Spector se ressert une grande rasade de manischewitz. Et c'est reparti pour une heure ou deux de soliloque et d'autosatisfaction avec égrenage de tous ses tubes passés, le coude sur le Wurlitzer, le tout émaillé d'anecdotes, il faut le reconnaître, extrêmement savoureuses. Phil Spector est un conteur né qui ne sort plus tellement de chez lui, de cette maison, relique de son amour pour Veronica. Un amour impossible car les deux ne se sont jamais compris et se seront finalement brûlé les ailes à cette chimère – brisant net la carrière de l'une pour ralentir singulièrement celle de l'autre. Alors il boit de ce foutu manischewitz. Du moins à la maison.

Un tiers rhum, deux tiers jus de fruits, c'est au hurricane que Phil Spector carbure lorsqu'il est arrêté par la police au Daisy, un club réputé de Beverly Hills. Pas même pour un degré d'ébriété qu'il n'a pas encore atteint, mais pour les propos qu'il a tenus à une cliente croisée dans le couloir menant aux toilettes.

— Il m'a littéralement coincé contre le mur et m'a demandé si j'aimais "*les gros calibres*". Il avait l'air un peu dingue, mais bon, ça va, j'ai l'habitude. Non, j'ai vraiment eu la trouille lorsqu'il a sorti un revolver de sa ceinture et qu'il l'a pointé sur moi. "*Et celui-là, il est assez gros pour toi ?*" Puis il est retourné dans la salle comme si rien ne s'était passé.

C'est là que l'ont effectivement trouvé les deux flics. Assis et sirotant un nouveau hurricane.

— Y a-t-il quelque chose que je peux faire pour vous, officiers ? leur demande Spector le plus calmement du monde.

— Veuillez écarter les pans de votre veste le plus lentement du monde.

Le Smith & Wesson .38 est bien là. Et chargé.

— Je suis Phil Spector, le célèbre producteur de disques ! Ce revolver est là pour assurer ma protection !

Spector ou pas, le délit est double : port d'arme dissimulée et port d'arme chargée dans un lieu public. Cellule de dégrisement, amende guère dissuasive (deux cents dollars… pour un type qui vient de recevoir près de quatre cent mille dollars d'Apple pour l'ensemble de ses œuvres avec les Beatles, John Lennon et George Harrison) et mise à l'épreuve d'un an. Tu parles ! Six mois plus tard, alors qu'il va assister au combat opposant Mohamed Ali et Ken Norton au Forum d'Inglewood, un combat qui a valeur de revanche pour Ali dont Norton a démoli la mâchoire à San Diego peu de temps avant, Spector se pointe comme un cow-boy, un holster ficelé à la cuisse.

— Rien à foutre, c'est pour ma sécurité ! éructe-t-il alors qu'on lui demande de se défourailler pour pénétrer dans l'enceinte – où Ali va être déclaré vainqueur au terme des douze rounds. Rien à foutre.

Et si ça ne suffisait pas, George Brand, son dernier garde du corps en date, ne le lâche pas d'une semelle. Pour sa protection. Pour se sentir respecté quand sa femme, elle, l'a humilié en le larguant comme une vieille chaussette et en le traînant devant les tribunaux – le divorce sera prononcé l'année suivante, en 1974. Singulièrement, de l'autre côté des États-Unis, à New York où il a posé ses valises, John Lennon, son double, son presque frère, connaît lui aussi quelques soucis matrimoniaux. C'est avis de tempête sur le couple qu'il forme avec Yoko. L'ex Beatles commence à en souper des expériences avant-gardistes de son épouse qui elle-même se lasse de son apathie – Lennon passe l'essentiel de ses journées abruti par la bière et les opiacés. Le couple a beau avoir déménagé dans le luxueux et très gothique Dakota Building, rien n'y fait : Lennon broie du noir, et l'idée même de faire un nouveau disque l'excite autant que si on lui imposait une corvée de vaisselle.

— Mais ça au moins, ça sert à quelque chose, en vient-il à songer. C'est utile. Tandis qu'un disque, franchement : ça intéresse encore quelqu'un ?

Bref, il déprime. D'autant que l'administration américaine menace de l'extrader pour ses fréquentations d'activistes et gauchistes de tout poil – et puis, Yoko depuis quelque temps le fait dormir à l'Hôtel du Cul-Tourné ; le couple est au bord de l'explosion. Alors comme Spector, il picole, picole encore et plus. Mais il faut faire bouillir la marmite et il doit se remettre au boulot pour encore et toujours écrire des chansons. Il n'y parvient pas. C'est à ce moment que Yoko trouve la solution, l'électrochoc devant remettre un peu d'ordre dans le cerveau momentanément dérangé de son époux. La solution ? May Pang, la jeune assistante qui bosse vingt heures par jour pour le couple, et que sa patronne va transformer en bonne à vraiment, mais alors vraiment tout faire.

— Écoute, May, ça ne marche plus du tout entre John et moi. Plus rien. Seulement, je sais que tu lui plais beaucoup, alors vas-y. Fais-le craquer, May.

Et, comme un brave petit soldat, comme une bonne vieille geisha, May Pang y va. Timidement d'abord – on ne balaie pas une éducation catholique à la Saint Michael Academy de New York d'un coup d'éponge. Puis elle se prend au jeu, tombe sans doute amoureuse de Lennon, bien sûr, et se retrouve à prendre le maquis avec lui à la fin de l'été 1973 au moment exact où éclate le scandale du Watergate qui fait bien ricaner John Winston Lennon et qui coûtera d'ailleurs sa place à Richard Nixon, son ennemi intime. Direction Los Angeles. Où le Beatles binoclard se rend compte que tous ses avoirs sont gelés, que Yoko a pris ses précautions ; pire, que Morris Levy, l'éditeur de Chuck Berry, l'attaque pour avoir plagié *You Can't Catch Me* dans l'une des dernières chansons enregistrées par les Beatles, *Come Together.* Un arrangement est vite trouvé : que Lennon enregistre un album de classiques de rock'n'roll dont au moins trois sont inscrits au catalogue de Berry. John Lennon sait où trouver la solution. Le seul mec capable de l'aider. Spector.

— Allo Phil, c'est John. Je suis à L.A pour enregistrer un disque de standards de rock, tu vois le topo. Qui d'autre que toi pour emballer ça, t'es d'accord ? T'en es ?

— Si tu me laisses les coudées franches et le *total control*, tu parles que j'en suis !

— Ce sera toi le grand chef à trois plumes, promis. Moi, je me contente de faire le chanteur, hey, c'est déjà bien assez !

Dès les retrouvailles, la couleur est donnée : Spector arrive enfouraillé et cette fois, Lennon a tendance à s'en amuser. De toute façon, tous les deux sont pareillement bourrés, l'un à la vodka ou à la bière (ou à un mélange des deux), l'autre à son picrate casher. Et c'est à qui avalera le plus de son tord-boyaux respectif. Une fois encore, le sentiment de fraternité prévaut – d'autant que Spector trouve en Lennon quelqu'un qui supporte encore moins bien l'alcool que lui. Mais, comme deux gamins de six ans, comme deux frangins de toute éternité, ils font des concours "*à celui qui boira le plus*". Chez l'un ou chez l'autre, tant que ça reste dans un cadre privé, pas de problème, une âme charitable est toujours là pour border l'un ou raccompagner l'autre, mais au restaurant, ça vire au pathétique ; ils ont un public et tels deux cabots de music-hall, ils se lancent des défis sous l'œil effaré de leur entourage et la mine réjouie des paparazzis – ainsi naît la légende du Lost Week-end de John Lennon :

— Je parie que tu peux pas boire cette bouteille de champ' cul sec !

— Et moi, je paris que tu peux pas t'enfiler quatre vodkas sans respirer.

Et ainsi de suite. Naturellement, lorsque les plats arrivent, Spector et Lennon sont ivres morts. Ils sont juste bons à rouler sur la table – assez souvent dessous aussi –, et à se bombarder mutuellement de nourriture, comme deux gamins de six ans, oui, exactement. C'est dans cette brume éthylique que démarrent les sessions de l'album *Rock'n'Roll* proprement dites. Avec le barnum habituel, toute la crème des requins de Californie et de Navarre, un écho du tonnerre, et des invités curieux de goûter à l'attraction du moment : John Lennon enregistre en ville sous la baguette du légendaire Phil Spector ! Elton John est l'un des premiers à pousser la porte des studios A & M, suivi de peu par un Chuck Berry qui s'enfuit en courant tant l'ambiance est délétère et le volume sonore poussé à onze. Parfois, ça dérape.

Comme ce soir où Lennon, bourré comme un cosaque, bondit dans la cabine de son, insulte Spector des pires mots antisémites qui soient avant de pulvériser son casque sur la console, faisant valdinguer le flacon de manischewitz que Spector sirote à petites lampées. Cela nécessitera quatre heures d'un décrassage en règle ; c'en est trop : le petit cirque Lennon-Spector est viré des studios A & M mais trouve refuge trois blocs plus haut, au Record Plant, à l'angle de La Brea et de Sunset. Où le bordel recommence de plus belle. Jusqu'à cette fameuse nuit où Phil Spector sort de ses gonds, bon pour la camisole ! Tout commence par une remarque, un peu trop appuyée, de John Lennon à son producteur :

— Phil, tu veux pas ralentir le tempo de *You Can't Catch Me* ? Je voudrais un truc plus cool, plus chaloupé, tu vois ou pas ? Quelque chose entre notre *Instant Karma* et le *He's Gonna Step on You Again* de John Kongos, c'est pas difficile à comprendre, si ?

— Tu me fais chier John Winston Lennon ! Qu'est-ce que tu connais à la musique ? Et à la production ? Au mixage ? Écrire des chansonnettes, ça oui, ça t'est arrivé d'en réussir quelques-unes, mais pour le reste, laisse faire les professionnels ! T'es plus à Londres, mec, ici c'est le Far West !

Joignant le geste à la parole, Spector dégaine son .38 et tire en l'air – ce qui a pour causes immédiates de creuser un gros trou dans le plafond et de faire dessaouler tout le monde. Lennon se retrouve à genoux contre la grosse caisse de Hal Blaine, les mains sur les oreilles, les yeux fermés. Il pleure – il vient dans un sens de revivre le cri primal, ce doit être la quinzième fois. C'est violent, inouï.

— Putain, Phil, tue-moi si tu veux, mais me flingue pas les oreilles…, est la seule chose qu'il parvient à exprimer.

Cela marque en tout cas la fin de la collaboration de John Lennon avec Phil Spector – l'album *Rock'n'Roll* sera complété et fini à New York, mais sans ce dernier.

Relayées par des individus pas toujours bien intentionnés et qui n'étaient généralement pas présents lorsqu'elles se sont déroulées, les péripéties éthyliques contribuent à la mythologie de Phil Spector (ainsi qu'à celle de Lennon et de son Lost Week-end avec May Pang) et l'idée de lui consacrer un biopic naît à cette époque. C'est que le personnage est éminemment cinégénique ; génial et fou à la fois. Dans un premier temps, Brian de Palma s'inspire très largement de lui pour le personnage principal de *Phantom of the Paradise*, Swan – mais également du *Fantôme de l'Opéra* de Gaston Leroux. Un autre projet réellement biographique est en gestation à ce moment-là, *To Know Him is To Love Him*. D'emblée, le nom d'Al Pacino est avancé pour entrer dans la peau de Phil Spector. Lequel est hystérique lorsqu'on lui rapporte la nouvelle : depuis le premier *Parrain* sorti deux ans plus tôt, Pacino est l'un de ses acteurs favoris et, on l'a vu, il n'hésite pas à l'imiter lors de soirées bien arrosées. Apprenant que quelques scènes du *Parrain 2* doivent être tournées à Los Angeles, Spector fait savoir à Pacino qu'il adorerait le recevoir à dîner pour parler à bâtons rompus. Et la chose se fait… à la Phil Spector. Sa Rolls Royce vient chercher le comédien à l'heure dite devant son hôtel mais effectue un trajet proprement aberrant pour rejoindre Collina Drive comme si Spector craignait 1/ que sa voiture puisse être suivie ou 2/ que Pacino puisse divulguer son adresse. Après un gymkhana d'une heure qui aurait dû ne durer qu'une douzaine de minutes, la Rolls et Pacino parviennent au manoir. On installe le comédien dans un salon où il va poireauter trois bons quarts d'heure avant que le maître des lieux n'apparaisse surmonté d'un faux crâne où ont été plantés des cheveux calamistrés en arrière. Spector s'est en outre affublé d'une courte moustache et s'est bourré les joues de mie de pain. Naturellement, il porte un nœud papillon et une rose rouge orne orne la veste de son smoking. À la vue de ce Vito Corleone de pacotille, Al Pacino manque éclater de rire. Mais se retient.

— *J'ai jamais voulu de cette vie pour toi, mon fils,* lance Spector. *J'ai travaillé dur pour ma famille, je n'en ai pas honte. Mais j'ai toujours refusé de danser comme une marionnette pendant que les caïds tiraient les ficelles. J'ai toujours pensé que quand viendrait ton tour, c'est toi qui tirerais les ficelles. Le temps m'a manqué, le temps m'a manqué.*

— *On y arrivera, p'pa, on y arrivera,* réplique Pacino, quand même bluffé par la prestation de Spector. Vous devriez faire du cinéma, Phil ; vous êtes doué !

— Oh, je ne sais pas. J'aime le cinéma, c'est entendu, j'ai même placé quelques billes pour mon copain Dennis Hopper, mais jouer c'est une autre paire de manches. Je veux dire : jouer vraiment. Vous, vous avez le truc et je vais vous dire, à l'écran, vous êtes un des seuls à me ficher vraiment les jetons – comme Cagney en son temps. C'est pourquoi, si un projet de nature cinématographique devait se monter autour de mon humble personne, je vous autorise et vous seul à devenir Philip Spector pour le grand écran. Vous avez ma parole.

La discussion continue autour de spaghetti *aglio e olio*, que Spector a fait préparer en belle quantité car il sait que c'est la préparation de pâtes favorites de son hôte. Le valpolicella fait passer. Débarrassé de ses oripeaux de simili Parrain, Spector est volubile, charmant, attentif – il ne boit presque rien pour une fois. Al Pacino, lui, reste sur ses gardes, charmé par l'humour de son compagnon d'un soir, fasciné par sa connaissance encyclopédique de la musique populaire mais également du cinéma. À tout moment, Spector peut mimer Bogart dans *Le Faucon maltais*, singer James Cagney dans *L'ennemi public* ou Paul Muni dans *Scarface*. Brillant.

— Ça, c'était du cinéma, Al ! Et ce que j'admire profondément chez vous, c'est que vous en êtes le meilleur héritier ; peut-être le seul aujourd'hui ! Voilà pourquoi, pardon de me répéter, j'attache une grande importance au fait que ce soit vous et personne d'autre qui devienne Phil Spector au cinéma ; vous en avez la carrure.

— Je vous remercie du compliment, vraiment. Je tiens tout de même à vous faire remarquer que tous les personnages que vous venez d'évoquer – même Spade, dans un sens – sont des durs, la plupart du temps ce sont même des gangsters. Ils ont du sang sur les mains, ce qui n'est pas votre cas, n'est-ce pas ?

— Bien sûr, bien sûr. Mais n'oubliez pas que mes chansons d'amour ont sans doute fait beaucoup plus de victimes qu'Al Capone !

La nuit avance au rythme des histoires de Phil Spector qui ne s'est pas senti aussi bien depuis… bien longtemps. Et c'est très élégamment qu'il propose à son invité de mettre un terme à cette soirée.

— Mon très cher Al, je crois savoir que vous tournez quelques scènes cruciales de fort bon matin… tout à l'heure donc. Je vais donc demander à mon chauffeur de vous raccompagner sur-le-champ afin de nous accorder, chacun de notre côté, quelques heures de sommeil. Merci encore de vous être déplacé jusque chez moi.

To Know Him is To Love Him ne se fera jamais.

Ni avec Al Pacino, ni sans lui.

Lord, If You're a Woman • Darlene Love

Cher

En octobre 1972, Miles Davis vient de terminer l'enregistrement de *On The Corner*, ambitieuse tentative d'amener à lui le public qui se déhanche sur les disques de Sly and the Family Stone et de James Brown, blancs et surtout blacks, tous jeunes, hypnotisés par cette transe funky – ça ne fonctionnera pas comme il le souhaitait, malgré les guitares quasi hendrixiennes, le groove Motown et les personnages de la pochette hésitant entre *blaxploitation* (*Shaft* et *SuperFly* viennent de sortir en salles) et comics à la Robert Crumb. De sa précédente épouse Betty, il a conservé le goût des futes en cuir et des lunettes de soleil surdimensionnées. C'est ainsi harnaché qu'on le découvre au volant de sa Lamborghini Miura vert pomme encastrée dans un muret à l'angle de West Side Avenue et de la 125ᵉ rue, en plein Harlem, juste en face du Cotton Club qui représente tout ce que Miles déteste dans le jazz – le passé. Malgré ses deux tibias qui ont déchiré son beau pantalon de cuir, malgré les sachets de poudre qui traînent sur le siège passager, Miles, sonné mais encore conscient, n'a qu'une préoccupation en tête :

— Ma bagnole… est-ce que ma bagnole est morte ? s'inquiète-t-il. Avant de sombrer dans le coma. Et de disparaître de la circulation comme du *music business* – il ne refera réellement surface qu'en 1981.

Phil Spector partage plusieurs points communs avec Miles Davis. Ils ont, au même titre que Bob Dylan ou les Beatles, régné sur leur domaine musical respectif. Ils sont pareillement excentriques et ont développé un goût pour les voitures rapides, les sportives. Belles italiennes pour Miles, bombes américaines pour Spector – comme le coupé Cobra de chez Shelby dont il a obtenu un des six exemplaires jamais produits. Mais c'est pourtant au volant de sa Rolls Royce qu'il manque perdre la vie. Un soir de février 1974, il annonce à son chauffeur qu'il s'en va faire un tour avec la Silver Shadow, tout seul.

— Attention Phil, c'est une anglaise, le volant est à droite, ça change pas mal de choses, niveau réflexes et tout.

— T'inquiète, j'ai piloté pas mal de bolides autrement plus rapides ! Hey, tu t'souviens pas de ma Cobra ?

Et le voilà parti, bien emmitouflé dans un grand manteau de fourrure, casquette enfoncée jusqu'aux yeux et lunettes de soleil sur le nez. Phil Spector a juste envie de se balader ; voilà des semaines qu'il n'est plus sorti du manoir, mâchant et remâchant les péripéties des derniers mois, le divorce en cours, le fiasco Lennon et une carrière qu'il convient désormais de conjuguer au passé composé plutôt qu'au futur proche. Alors il va se faire voir, faire la tournée des popotes, serrer quelques paluches, boire un verre ou deux mais pas plus, hein ! Voilà bien dix jours qu'il n'a plus touché à un verre – même son sacro-saint manischewitz ne lui dit plus trop. Il se sent bien, excessivement bien, allez, c'est le moment de raccommoder avec la vie. Dans sa tête, il a déjà tracé les stations de sa résurrection : un verre au Ciro's, un autre au Trader Vic's et puis on verra. Les ailes de la Rolls frôlent les trottoirs, hautaine, dédaigneuse ; facile à piloter. Doheny Drive, Sunset, Holloway Drive puis Santa Monica Boulevard, il ferait le chemin les yeux fermés. Comme en son rêve, Phil Spector est partout reconnu, acclamé presque, respecté en tout cas ; il revit. Il accepte là un daïquiri (rhum blanc, citron, sirop de sucre), ici un zombie (trois rhums différents, une larme de pernod, un trait de sirop de cannelle, jus de pamplemousse), salut une ou deux pin-up, plaisante avec ce batteur dont il a oublié le nom, reprend le volant sur un petit nuage. Ainsi, on ne l'a pas oublié. Et comment aurait-on pu oublier des merveilles comme *You've Lost That Lovin' Feelin'* ou *Be My Baby* ? Elles sont éternelles et il en reste le principal artisan, mieux l'alchimiste – bien plus que leurs interprètes, "*tous interchangeables*".

Légèrement grisé par les cocktails, Phil Spector avance au radar, ne faisant désormais plus confiance qu'à la jeune femme "ailée" qui orne le bouchon de radiateur et qu'un chanteur français a récemment décrit comme *"Princesse des ténèbres/Archange maudit/Amazone modern' style que le sculpteur/En anglais, surnomma Spirit of Ecstasy"*. Las, comme dans la chanson dont c'est tiré[1], Phil Spector perd le contrôle de la Rolls, qui se déporte violemment sur la gauche et vient s'encastrer contre la

1. *Melody* de Serge Gainsbourg dans l'album *Histoire de Melody Nelson* (1971).

calandre d'un camion Peterbilt 289, dont le bouchon de radiateur, est-ce amusant, est aussi surmonté d'une créature ailée. À l'évidence, les deux tonnes de la Rolls ne font pas le poids face au monstre d'acier qu'elle vient de percuter ; le choc est brutal, l'arrêt immédiat, et Phil Spector traverse le pare-brise. Son visage est une plaie ; son crâne, un atroce mélange de cuir chevelu et de perruque. Il a perdu connaissance et n'aura pratiquement pas de souvenir de la suite – si quand même, un flash : les bras vigoureux du routier amérindien qui l'extraient du parechoc explosé, causant, mais c'est pour la bonne cause, de nouvelles déchirures.

— Putain, Geronimo m'a arraché le scalp…, est sa toute dernière pensée, avant le noir complet où flottent la voix de John Lennon et les échos d'une vieille chanson des Beatles, *He blew his mind out in a Car… He didn't Notice that the lights had changed* ("*Il s'est tué en voiture… il ne s'était pas aperçu que les feux – de circulation – avaient changé*").

On l'a vu, après le crash de sa Lamborghini Miura, Miles Davis disparut de longs mois, le plus souvent cloîtré dans son loft new-yorkais, sa maison de disques s'arrangeant pour sortir à intervalle plus ou moins régulier des albums constitués de chutes et parfois d'excellente facture. Histoire d'occuper le terrain en attendant un vrai retour du sphinx. Il en va presque de même pour Phil Spector. Comme pour Miles, c'est l'omerta. De surcroît, qui s'inquiéterait de ne pas voir le producteur pendant quelques semaines alors que ses apparitions sont devenues rarissimes depuis le Los Week-End de son frère

Lennon ? Personne. Les dégâts sur l'ensemble de sa tête sont innombrables et surtout très impressionnants : le cuir chevelu est tranché jusqu'à l'os et il s'en est fallu d'un doigt, de trois millimètres très exactement, pour qu'il ne laisse un œil dans l'aventure ; c'eut été complet. Ailleurs, au cou notamment, de nombreuses lacérations et des micro-brûlures, mais à partir des épaules, rien de spécial à signaler, l'épais manteau de fourrure ayant atténué les morsures du verre et de l'acier en surchauffe. Oui, il s'en est fallu d'un rien pour qu'il ne se retrouve entre les mains d'un thanatopracteur. Pour l'heure, une équipe de chirurgiens esthétiques s'occupe à plein temps de réparer les ravages causés par la collusion.

— Recollez-moi ce foutu scalp, reste la seule véritable consigne émise par Phil Spector à son réveil.

Les jours passent, les semaines se succèdent au rythme des opérations et le blessé petit à petit retrouve la tête qu'il avait avant l'accident. Enfin presque.

— Où sont passés mes foutus cheveux ?

L'idée, sans être géniale, va faire son petit bonhomme de chemin. Jusque-là, rien n'a fuité, on a graissé quelques pattes au sein de la police et la presse a suivi le mouvement. Alors, Phil Spector a compris qu'il allait pouvoir tirer parti de l'accident pour ajouter une pierre à sa propre légende. Pour ce faire, il charge quelques personnes de confiance comme son ancienne assistante Pauline Elliot ou son actuel secrétaire, le russo-britannique V.M Varga, de propager de ses nouvelles. Du genre : “*le légendaire producteur Phil Spector a été la victime d’un grave accident de la route* – le terme “victime” mis à part, ça n’est pas faux – *l’ayant grandement défiguré et pour lequel il a dû subir sept-cents* (!) *points de suture, tant au visage que sur le crâne proprement dit. La première conséquence de ces opérations de chirurgie plastique est qu’il devra probablement porter une perruque dans le futur.*”

C’est une trouvaille formidable qui sera reprise. Jusqu’à la nausée. C’est dans l’accident que Phil Spector a perdu ses cheveux. Ainsi que l’audition d’une oreille, tiens. Ainsi, à sa sortie d’hôpital mais pour un temps seulement, il va s’amuser à jouer les valétudinaires de théâtre, les souffreteux de comédie, allant jusqu’à s’appuyer sur une canne à pommeau, claudiquant, le visage disparaissant sous d’immenses perruques aux couleurs changeant en fonction de ses états d’âme, tantôt grises, tantôt blondes, tantôt bouclées... Mais la farce finit par le lasser et lui reprend soudain une violente envie de se remettre au boulot. À la hâte, il signe un contrat de collaboration avec Warner. Qui dit contrat suggère obligations. À commencer, naturellement, par celle de produire des disques, que dis-je, des succès, d’immenses succès.

— Garanti !

La première artiste, à travailler pour ce nouveau projet de Spector, est Cher, une vieille connaissance qui a fait du chemin depuis les chœurs balancés au Gold Star alors qu’elle commençait à fricoter avec Sonny Bono.

Cher, franchement, il ne peut pas la blairer, Spector – pas comme chanteuse, évidemment, encore qu'il se souvient de sessions où elle avait tendance à tirer la couverture à elle, non mais de la façon dont elle a, il n'y a pas d'autre mot, perverti sa Veronica – combien de fois les a-t-il surprises à s'enfuir du studio sans SA permission, pour soi-disant manger une glace ? C'est Cher qui a distillé de vilaines pensées dans l'esprit originellement pur de sa Ronette de cœur, Cher qui l'a fait peu à peu se détacher de lui. Une ennemie qui n'a même pas eu la reconnaissance du ventre lorsqu'il lui a offert l'opportunité d'enregistrer son tout premier single, *Ringo, I Love You*, certes pas un diamant brut mais tout de même, un chouette petit truc collant parfaitement à la Beatlemania d'alors (1964) – pas un merci, rien. Une ingrate. "*Une salope* ", pense-t-il même au tréfonds de lui. Mais depuis n'est-ce pas, Cher a fait son trou, en particulier avec Sonny Bono, qu'elle a épousé ; il y a eu la déferlante *I Got You Babe*, gravé au Gold Star justement, tube imparable, Spector lui-même en convient, et depuis ils possèdent même leur propre émission de télé, The Sonny & Cher Comedy Hour sur CBS – un succès qui va bientôt connaître une fin abrupte pour cause de rupture sentimentale. De divorce. Alors Cher tente une carrière solo. Elle a signé chez Warner, et un beau matin, la voilà qui se retrouve au Gold Star, avec tonton Spector pour mener les débats, exactement comme si rien ne s'était passé depuis 1964 ; dix années effacées d'un coup d'éponge – bon, quand même, c'est elle la star désormais. Qui peut se permettre d'arriver avec près d'une heure de retard ; Spector en boufferait sa moumoute. Il se retient :

— Cher, ma grande, te voilà enfin. Tu es très en beauté aujourd'hui ; le divorce te réussit !

La séance commence aussitôt. Comme à la grande époque, Phil Spector a rempli le Gold Star jusqu'aux écoutilles. Un mur de guitares, des vibraphones, une forêt de percussions mais aussi des cuivres et jusqu'à ce chœur féminin dans lequel Cher ne reconnaît personne ; les gamines ont l'âge qu'elle avait lorsqu'elle-même chantait pour un single des Ronettes, dix-sept ou dix-huit ans max ; elle fêtera bientôt ses trente ans. Vertige. D'autant que la chanson, *A Woman's Story*, ne parle que de ça : du temps qui passe au rythme des hommes qui ont payé pour coucher avec elle. C'est l'histoire d'une vieille putain. D'une salope. Une chanson pour Bette Davis, pas pour elle. Le message est passé.

— Merci Messieurs, c'était très bien, c'était très bien ! assure Spector en sirotant son manischewitz. Quant à toi, ma grande, c'était parfait, on sent le vécu, l'expérience. Tu as tout des plus grandes, maintenant.

A Woman's Story aura la triste destinée qu'on devine. C'est une autre vieille connaissance qui succède à Cher dans le studio Gold Star : Darlene Love. Et les choses se passent encore plus mal entre eux – elle n'a pas oublié le coup de Jarnac de *He's Sure The Boy I Love* qu'elle a enregistré avec les Blossoms, mais que Spector a sorti sous le nom des Crystals. Vieilles rancœurs cuites et recuites. Il faudra plus de trois ans avant que *Lord, If You're a Woman* se retrouve chez les disquaires dans un silence assourdissant. Pas exactement le retour gagnant espéré. Comme si Phil Spector ne pouvait plus s'extraire de ces années 60, de *ses* années 60. Comment allait-il pouvoir se renouveler, comment allait-il pouvoir créer quelque chose de neuf, quelque chose qui porte bel et bien sa marque sans être une énième resucée de ses triomphes passés ? Bref, comment vivre dans la peau et dans la tête de Phil Spector au mitan des années 1970 ? Certainement pas en produisant d'anciennes gloires tout en sirotant à la bouteille ou à la paille du vin casher – ou des cocktails au rhum…

Fingerprints • Leonard Cohen

Leonard

Lorsqu'il apparaît, au milieu des années 1960 et presque contre son gré, sur la scène folk new-yorkaise, Joan Baez et sa sœur Mimi Farina, Judy Collins, Dave van Ronk et quelques autres le surnomment "Seconal Razorblade" (le Seconal étant un puissant barbiturique, *razor blade* signifiant lame de rasoir) tant sa poésie, écrite et désormais chantée, peut plonger ses lecteurs auditeurs dans un profond état dépressif – voire suicidaire. Pour autant, Leonard Cohen n'a rien d'un triste sire. D'un côté, c'est vrai, il chante l'amour et la pauvre condition humaine et son inéluctabilité d'un ton monocorde et à tout le moins nasal, mais à la ville, c'est presque un joyeux drille. Pas le pétomane, mais un bon vivant. Qui aime les femmes et le sexe (et l'a prouvé dans les bras de Janis Joplin, Joni Mitchell ou Nico, pour ne citer que les plus célèbres) mais aussi le cognac. Juif plus ou moins pratiquant, il n'a pas hésité à aller chanter pour les troupes israéliennes pendant la guerre de Kippour (1973) mais se tourne de plus en plus vers le bouddhisme en fréquentant, lors de retraites spirituelles, le centre zen du Mont Baldy, au nord de Los Angeles – il s'est même payé le luxe d'un petit détour par la case scientologie, comme il semble l'indiquer dans *Famous Blue Raincoat*, si. Mais, en ce milieu des années 1970, on dira que ce drôle de paroissien n'est pas au mieux de sa forme. Son couple avec Suzanne Elrod (LA Suzanne de la chanson) bat de l'aile, sa maison de disques attend le miracle qui le ferait enfin exploser aux États-Unis et, pour couronner le tout, il picole comme un trou. Soit à peu de choses près l'état dans lequel se trouve un certain Phil Spector.

Sur le papier, une collaboration entre le ténébreux Canadien et le fantasque producteur n'a pratiquement aucune chance de fonctionner et c'est exactement ce qui arriva : le disque de Leonard Cohen produit par Phil Spector fut un flop, et pour l'un comme pour l'autre, mais il se fit. Voici comment.

En mars 1975, Ban Me Thuot, Hué puis Da Nang tombent aux mains – ou sont libérées par, c'est selon – du Front national de libération du Sud Vietnam en attendant la prise (ou la chute, choisis ton camp camarade) de Saigon qui marquera la fin de la Guerre du Vietnam. Loin, très loin des rizières napalmées, à Los Angeles, Phil Spector écoute d'une oreille distraite les dernières infos de ce conflit auquel il a échappé. Pour l'heure, il se fait un peu tirer la jambe pour aller écouter Leonard Cohen qui se produit cinq soirs d'affilée au Troubadour, là même où son grand pote Lenny Bruce s'était fait serrer pour obscénités… voilà bien longtemps. Cohen est seul sur scène, guitare en bandoulière, il est un peu lugubre, pas vraiment disert entre les chansons, mais la salle du Santa Monica Boulevard est suspendue au moindre de ses mots. C'est fascinant. Suffisamment pour que Spector aille saluer le chanteur dans sa loge, après le show. Pour le féliciter et l'inviter au manoir de Collina Drive, "*pour un verre ou deux*". Ou trois.

Depuis ses petits soucis de circulation, Phil Spector n'a pas repris le volant. C'est donc un chauffeur qui s'en va cueillir Leonard Cohen à son hôtel pour l'amener sur Collina Drive siffler "un verre ou deux". Ou bien trois. Comme avec John Lennon, Spector sent d'emblée qu'ils ont beaucoup de choses en commun et c'est lui d'autorité qui brise la glace avant même que le premier verre soit éclusé dans le grand salon.

— Très impressionnante, votre performance au Troubadour, lance Spector, authentiquement admiratif. Je ne sais d'ailleurs pas comment vous faites... Leonard, vous avez le don. Le vrai, et croyez-moi, je m'y connais. Car, soyons sérieux : vous n'avez ni le physique de Jimmy Dean, ni la voix d'Elvis ou même le déhanché de Jagger, sans parler de sa lippe, c'est vrai non ? Eh bien pourtant, vous mettez le Troubadour à genoux, tous les soirs. Santé, Leonard !

— Santé, Phil !

Tous deux sourient, trinquent, se trouvent. En hôte prévenant, Phil Spector fait faire le tour du propriétaire à un Léonard Cohen sous le charme, tous deux un verre à la main. Tout y passe, à l'exception des chambres de l'étage, sinon tout : la salle de billard, les trophées, les disques d'or, les photos, autant de souvenirs... Et jusqu'à ce petit dojo qu'il s'est installé à côté d'une des salles de bains.

— Je me suis mis au karaté, confie Spector. Et attention, pas avec le premier peigne-cul venu ! Mike Stone, un des meilleurs élèves qu'ait eu Bruce Lee aux États-Unis – moi mis à part, son autre client s'appelle Elvis Presley, ouais, vous voyez le genre ? Leonard, vous semblez ne pas croire qu'un *kleyn mentsh* du Bronx ait le même prof de karaté que le King ? Regardez par la fenêtre ; vous voyez le type râblé près de la fontaine ? C'est Mike. Et c'est aussi mon garde du corps, comme ça, il est toujours près de moi – sauf lorsque Elvis est en ville, bien sûr – Elvis ou bien Priscilla, si vous voyez ce que je veux dire…

— Ooooh… Priscilla trompe Elvis avec son karatéka ? J'ignorais, hésite Leonard Cohen. Hmmm, *La Belle et la Bête* (*et le Cocu*), cela ferait un bon départ de chanson… ou de poème… Voire d'une fable.

— Une chanson… en mineur, bien entendu.

Joie : un Pleyel demi-queue trône sous une fenêtre ; Leonard Cohen s'y installe et commence. Do, la mineur, do…

> *I've Heard there was a secret grip/That Mike showed and it pleased the Queen…*
> *(J'ai entendu dire qu'il y avait une prise secrète/Que Mike a montrée et qui a plu à la Reine)…*

Phil Spector l'a rejoint, assurant le contre-chant, tout en remplissant leurs verres respectifs. Ils s'amusent beaucoup et au-delà de ça, nait dans leur esprit déjà bien embrumé que quelque chose pourrait accoucher de leur petit jeu. Des chansons, oui et pourquoi pas. Dans les semaines qui suivent et alors que son engagement au Troubadour est depuis longtemps terminé, Leonard Cohen devient un habitué de Collina Drive pour des séances d'écriture collective nocturnes et invariablement très arrosées. Ainsi naissent quelques titres dont le Canadien consigne les paroles dans un petit cahier et que Spector commence à arranger à sa sauce.

— Il faudrait des chœurs sur le pont et puis des cuivres en ouverture, s'enflamme-t-il. Et de la *steel guitar*, j'adore la *steel guitar*, on ne met jamais assez de *steel guitar* dans les chansons – hormis les chansons de cow-boy, évidemment.

Autant d'ornementations dont Leonard Cohen n'a pas l'habitude, se satisfaisant le plus souvent de la combinaison guitare-voix qu'il utilise pareillement sur scène. Mais il apprécie Spector et se dit que sa facilité, son génie presque à transformer une chanson en petite symphonie pourrait lui être fort utile pour décrocher ce succès que Columbia se désespère de lui voir obtenir aux États-Unis. Oui, petit à petit, une douzaine de chansons "possibles" voient le jour au manoir de Collina Drive si bien qu'un soir, c'est un Spector titubant qui déclare à un Cohen guère plus vaillant :

— On a matière pour un putain de bon album, Leonard, garanti !

— Oui, Phil, renchérit Cohen. Je le sens aussi. Sers-moi le dernier. *"A sip of wine, a cigarette and then it's time to go" ("Un verre de vin, une cigarette et ce sera le moment de partir…")*, putain, encore une idée de chanson ! Je suis si bien chez toi, Phil.

Il faut deux mois et pas moins de trois studios pour mettre la chose en boîte. Et pour commencer, les studios Whitney, à Glendale, célèbres pour leur incroyable orgue de théâtre rachetée au cinéma Fox Theatre de Redwood et dont Spector tient absolument à la présence sur l'album de Leonard Cohen, mais il pousse tellement les potentiomètres que les haut-parleurs du studio explosent. Oups ! Le producteur et son équipe sont gentiment priés d'aller se faire pendre ailleurs. Spector se rabat tout naturellement vers son Gold Star fétiche, nettement moins spacieux que le Whitney mais où on a l'habitude de ses marottes, de ses excentricités ; où on le respecte. Pour les séances, il a fait livrer une caisse de Rémy Martin VSOP, pour Cohen, et trois de manischewitz, pour lui. Partant, les sessions sont fort houleuses, toujours interminables et parfois complètement stériles quand l'un des deux larrons a dépassé la dose – quand ce ne sont pas les deux de concert. Ça se chamaille, ça se menace pour finalement se rabibocher autour d'un énième verre et… ça n'avance pas. Musiciens comme techniciens, et même parmi les plus fidèles d'entre eux, beaucoup s'impatientent et certains s'inquiètent de la tournure que semblent prendre les évènements. Alors ils tuent le temps, tapent le carton, fument quelques joints, et parient sur tout et n'importe quoi. La couleur de la perruque que portera Spector le lendemain, le nombre de prises que celui-ci fera refaire à Cohen dans les vingt-quatre heures, etc.

— Je vous parie cinq sacs que Cohen va péter les plombs le premier, lance Hal Blaine, ce batteur qui suit Spector depuis près de quinze ans.

— Tu parles, renchérit Don Randi, un autre vieux de la vieille, également membre de la Wrecking Crew, clavier celui-là. Même rond comme une toupie, Cohen reste d'un calme olympien ; c'est le Buster Keaton des studios d'enregistrement. Non, c'est notre bon vieux Spector qui risque bel et bien de vriller. Tant qu'il n'a pas de flingue à portée de main…

Le lendemain, Phil Spector et Leonard Cohen arrivent au Gold Star déjà bien partis, éthyliquement s'entend. Ils arborent en outre un total look cow-boy, du Stetson aux bottes mexicaines en passant par le petit gilet et les deux… colts dans leur holster respectif bâtant les cuisses à chaque pas. La raison de ce déguisement de Mardi-gras ?

— Aujourd'hui, on va essayer de terminer *Fingerprints*, déclare d'emblée Spector. Yeah !

Fingerprints ? Une valse enjouée qui coche toutes les cases de la chanson country parfaite : violon ? oui. Steel guitar ? oui. Contre chant féminin ? oui – et avec Ronee Blakley qui vient d'incarner une star de la country dans le *Nashville* de Robert Altman, s'il vous plaît. L'affaire amuse follement Spector et même Cohen se départit de sa morgue coutumière.

— *"Fingerprints, fingerprints/Where are you now my fingerprints ?"* chante-t-il en entraînant Spector dans un ersatz de polka piquée aussi acrobatique qu'approximative et les deux ont tôt fait de se retrouver les quatre fers en l'air, cul par-dessus tête, hilares.

— C'est moi qui menais la danse, fallait me suivre, manque s'étouffer le barde montréalais.

Pour se relever, Spector, qui n'est pas un grand sportif, s'accroche à la grande carcasse de son ami de beuverie. Parfaitement vertical, il tente une double et d'autant périlleuse action combinée : choper la bouteille de manischewitz avec la main gauche et extraire de son holster un pistolet de la droite. Ça tangue, ça tangue, ohé matelot, et dans un éclair de lucidité, Spector s'accroche aux épaules du chanteur, lui enfonçant le canon du Colt dans le gras du cou.

— Je t'aime Leonard, lui susurre-t-il dans l'oreille et devant des musiciens effarés.

— Je l'espère bien, Phil, se contente de répondre Cohen, droit comme une barre, mettant fin à l'incident qu'on venait de frôler.

L'incident, comme il se doit, n'a été consigné nulle part, personne n'a cru bon appeler la police, ou tenter de raisonner le producteur. Il n'eut peut-être pas été vain de placer à l'entrée du studio un de ces panneaux qu'on trouve en arrivant dans une prison américaine et signifiant qu'à partir de cette limite « *le port d'arme est interdit* ». Car Phil Spector continue de se pointer enfouraillé au Gold Star – sans la panoplie de cow-boy, certes, mais toujours avec un micro pistolet, un revolver de femme, planqué dans une botte ou carrément, enfoncé entre la ceinture de son pantalon et l'élastique de son slip ; à la gangster. Du haut de ses cent soixante-cinq centimètres, Phil Spector inspire toujours la crainte et c'est d'ailleurs tout seul qu'il termine l'enregistrement de l'album de Leonard Cohen, ce *Death of a Ladie's Man* dont le titre aurait pu être prémonitoire. Refroidi par l'épisode "O.K. Corral", Cohen bat froid le producteur… qui en profite pour mixer le disque à sa convenance.

Lorsqu'il sort enfin, en 1978, *Death of a Ladie's Man* est presque unanimement descendu en flèche. Tant par les laudateurs de Phil Spector que par les zélotes un brin mystiques de Cohen. Nous sommes déjà à la fin d'une nouvelle décennie, ces années 1970 qui auront finalement passé beaucoup plus rapidement pour Spector que les *swinging sixties* mais sans hélas autant de brillants résultats. Oui, nous sommes en 1978 et ce n'est rien de préciser que Phil Spector n'a pas compris grand-chose de cette décennie. Même Presley a tiré sa révérence… sans jamais avoir travaillé avec lui.

Avec un ultime concert le 14 janvier de cette année-là, les Sex Pistols marquent de fait la fin de cette première vague punk que Spector n'a non seulement pas vu venir mais dont il n'a finalement pas entendu parler.

— Le punk ? s'interroge-t-il, le punk…

Chinese Rock • The Ramones

Joey

La Californie, on l'a déjà vu, avait tout pour déplaire à Phil Spector. Lorsqu'on mesure un mètre soixante-cinq et qu'on porte postiches et perruques depuis un âge beaucoup trop précoce, on ne peut que détester l'hédonisme de cette ville. Tous ces bellâtres à moitié à poil qui se pavanent à Venice Beach, patins à roulettes, surf, vélos... pour Spector et son teint de lait tourné, c'est le rejet global, l'antithèse absolue ; un cauchemar. Et pourtant, voilà vingt-cinq ans qu'il vit en grande partie ici, qu'il s'est accoutumé à ces avenues idiotes bordées de palmiers gigantesques et que personne ne songerait à arpenter pedibus. Oh bien sûr, Phil Spector aura passé l'essentiel de ce quart de siècle dans le sombre et bruyant secret des studios d'enregistrement et plus encore derrière les volets et barbelés de sa forteresse de Collina Drive, à l'abri, attendant le plus souvent le coucher du soleil pour mettre le nez dehors. Et puis, personne ne se souvient l'avoir vu sur une plage – et pourquoi pas à Disneyland, hein ? Voilà : Phil Spector le pur citadin, l'enfant chétif du Bronx, s'est adapté... sans pour autant s'y diluer – à la façon de ces perruches accidentellement rendues à la liberté et qui vampirisent de leur vert fluo, cimetières et parcs de bien plus froides régions que leur tropique natal. Phil Spector est devenu une icône californienne, une énigme aussi. Une certaine idée du rêve américain.

Pareillement, le mouvement punk n'est pas spontanément associé à la plage, à la culture tikki et à l'épicurisme. William S. Burroughs, oui ; Hugh Hefner, non. New York et Londres, comme une évidence, mais Los Angeles, certainement pas. Et pourtant, d'une façon similaire à l'épanouissement d'un Phil Spector dans la mégapole californienne, la greffe punk rock a pris instantanément dans le comté de Los Angeles. Dans l'immédiate foulée des New York Dolls, des Sex Pistols et de Damned, des dizaines de groupes ont éclos dans la région dont ils écument les clubs, comme le Hong Kong Café à Chinatown, The Masque à Hollywood et même le Roxy de Lou Adler, sur Sunset, là où d'innombrables pointures du rock'n'roll se produisent, de Bruce Springsteen à Frank Zappa ou Bob Marley. Ou son voisin, le Whisky a Go Go.

C'est sur la scène du Whisky que les Ramones ont l'habitude de poser leurs sneakers pourris lorsqu'ils sont de passage en Californie. Et c'est sur cette scène que Phil Spector les découvre, intrigué par ces morceaux de moins de deux minutes trente qu'ils balancent à deux cent à l'heure, comme quatre abrutis chargés aux amphétamines. C'est brouillon, brut, âpre et en même temps rigolo. Des caricatures. Des personnages de cartoon. Aucune fioriture et même pas le moindre effort pour rendre la chose élégante ou simplement jolie. Mais il y a chez ces quatre faux frères qui ne jouent vraiment pas très bien une énergie qui lui rappelle les débuts du rock'n'roll et ses propres années d'apprentissage ; ça l'amuse. Pourtant, c'est un autre groupe new-yorkais qui ce soir l'interpelle, celui emmené par une micro-Marilyn Monroe à queue-de-cheval et camisole ultracourte qu'elle lacère même à un moment : Blondie. La fille, c'est Deborah Harry et Phil Spector va la féliciter après le set. Debby porte alors un pantalon de satin rose des plus ajustés ; c'est un flash qui autorise Spector à inviter tout le groupe au Manoir.

Comme tous les rockeurs un peu *faucheman* qui passent en ville, Deborah et ses boys, tout comme les Ramones, logent au Tropicana, une version exotique du Chelsea Hotel plantée sur Santa Monica Boulevard. Andy Warhol y a tourné des scènes de *Heat* comme de *Trash*, Tom Waits y vit à l'année, et la liste des rock stars qui y font la java semble infinie. Mais pour une heure ou deux, Deborah Harry échapperait bien à la crasse légendaire du Trop' pour siroter un cocktail chez Phil Spector, dont les productions ont rythmé son enfance. Tout le monde à Collina Drive.

— Debbie, vous permettez que je vous appelle Debbie, j'ai adoré le show, lance Spector en préambule, alors qu'il sert des rafraîchissements dans la salle de billard. Mélanger ainsi le glamour hollywoodien, le punk rock et des influences qui me sont très proches, les girls groupes, voyez…

— Je suis une très grande admiratrice des Ronettes, le coupe Deborah Harry. *Be My Baby, And Then He Kissed Me*; peut-on faire mieux ?

— Et pourquoi ne pas essayer, Debbie – vous permettez que je vous appelle Debbie ? précise Phil Spector.

— Bien entendu, Phil – vous m'autorisez à vous appeler, Phil, Phil ? rebondit Deborah Harry, très excitée. Mais faire mieux que les Ronettes ou Darlene Love ? Je ne vois pas bien comment.

— Et moi, je l'imagine parfaitement, assure Spector dans un grand sourire. Tenez, bavardons pendant que je vous fais faire un petit tour du propriétaire, vous allez voir, c'est amusant comme tout…

Les garçons du groupe sont laissés là, à leur billard et aux verres de rhum qu'ils s'envoient hilares. Et Spector fait visiter le manoir à la fausse adolescente – elle fêtera bientôt ses trente-deux printemps.

— Chris, Clem, Frank et comment s'appelle le clavier déjà… Jimmy, oui, c'est ça, poursuit le producteur. J'adore le groupe, vraiment très bon. Mais pour être très honnête, je pense que vous valez mieux…

— … ???

— Comprenez-moi bien, chère Debbie, modère Spector. Encore une fois, les garçons sont très bons, mais on pourrait améliorer l'écrin pour votre voix ; enrichir la masse instrumentale… sans pour autant dénaturer le son brut de Blondie. Et puis peut-être faire travailler d'autres auteurs, çà et là… Ah, si j'avais votre voix, je ferais de grandes choses. Tenez, prenez la porte, là à droite.

C'est une petite pièce, un cabinet presque, allongée comme un couloir et dont les murs sont littéralement tapissés de trophées. Le Grammy pour *The Concert for Bangladesh*, les disques d'or voire de platine pour une palanquée de singles et quelques albums, comme le *Let It Be* final – et tellement controversé – des Beatles. Un palmarès exceptionnel.

— Très impressionnant, souffle Debbie Harry.

— Il ne tient qu'à vous d'ajouter le prochain disque de Blondie à ma petite pinacothèque personnelle, chère Debbie. J'imagine qu'il ne vous sera pas bien difficile de convaincre les garçons ; avec vous, les hommes ne doivent pas avoir beau jeu, non ?

La chanteuse peroxydée s'interroge en silence. Bien sûr, être produit par une légende du rock'n'roll, par le Mozart de la chambre d'écho, c'est bien tentant… D'autant que le groupe doit entrer en studio cet été pour graver un deuxième album et que pas la queue d'une chanson n'a encore été trouvée. "*Si un homme comme ça entre dans la course, ça n'a pas de prix*", songe Debbie. Mais la visite continue, le bureau du patron, le petit bar adjacent, le tatami sur lequel Spector s'entretient… de temps en temps, et puis cette autre pièce aux murs couverts de tableaux électriques et d'écrans vidéo.

— Ma salle de contrôle, précise Spector. Oh, rien à voir avec la musique, non, c'est d'ici que je surveille les alentours, si quelqu'un avait la très mauvaise idée de s'introduire au Manoir pour me voler quelque chose… Vous comprenez, Debbie ?

— …

— Vous croyez que vous arriverez à les décider, vos garçons ? insiste le maître des lieux. Parce que sinon, j'ai ici de quoi les convaincre !

De la ceinture de son pantalon, Phil Spector extrait un Colt qu'il plante dans la jugulaire de la chanteuse.

— Alors, on le fait cet album, hurle le producteur en transe. *Bang bang !*

Terrorisée, Deborah Harry s'extrait vivement de la mortelle étreinte – elle ne saura jamais si le revolver était chargé ou pas – et rejoint le reste du groupe – ils ne sauront jamais, eux, ce qui vient de se passer.

— Phil, ça a été un plaisir, conclut la chanteuse, mais on a un petit bout de route pour rejoindre le Tropicana Motel.

En encore moins de temps qu'il lui avait fallu pour se transformer en tueur potentiel, Harvey Phillip Spector redevient un hôte prévenant.

— Mon chauffeur va vous raccompagner, chère Debbie, susurre Spector. Les garçons, prenez bien soin d'elle : c'est une grande chanteuse et une personne de qualité.

Phil Spector ne produira aucun disque de Blondie, pas la moindre chanson, rien. Sa tentative d'incursion dans le punk rock n'a pas été franchement convaincante – et plus globalement, son retour aux affaires n'est pas davantage probant. Alors quoi ? À la fin de l'année 1978, les Ramones reviennent à Los Angeles et Phil Spector se dit "*pourquoi pas eux ?*" ; il les fait venir, à leur tour, à Collina Drive. Curieux équipage en réalité que ces quatre gus dépenaillés qui semblent sortir d'un trou à rats d'Alphabet City. Ils ont déjà trois albums à leur actif, trois galettes où, en trente minutes, ils envoient une quinzaine de titres, sans respirer. Avec des clins d'œil plutôt amusants au rock des Trashmen, de Chris Montez ou de Bobby Freeman, au doo-wop – Spector se sent en territoire ami. Et puis, ils sont new-yorkais et semblent pareillement étrangers, voire hostiles, au délire californien, à la bronzette. Ils n'ont jamais fréquenté de salles de sport, c'est évident, comme ils ne semblent pas faire un usage immodéré de la savonnette – pas grave, on aérera. Et comme il l'avait fait pour Debbie Harry et quelques autres auparavant, Spector fait le beau ; il est à domicile. La salle de billard, le dojo, le couloir aux trophées, le petit bar et le grand salon avec son Wurlitzer, tout y passe, rien n'est trop beau. Et puis au moins, avec les Ramones, Phil Spector fait un authentique tabac lorsqu'il sort ses armes.

— Wow ! mec, ça, c'est vraiment le Far West ! s'exclame Dee Dee, le bassiste.

Comme un cow-boy en Technicolor, comme un véritable expert en maniement d'armes, Spector monte et remonte chaque révolver en un temps record – les garçons de Forest Hill sont soufflés.

— Vous pouvez jouer avec, assure Phil Spector en moniteur de colo. Ils ne sont pas chargés – enfin le mien, si, mais c'est le mien, n'est-ce pas !

Instantanément, les quatre Ramones s'emparent chacun d'un Colt et s'ébrouent, transformant le salon en saloon, sautant d'un canapé à l'autre, renversant qui un fauteuil, qui une table basse, se marrant comme des petits fous, retrouvant leurs plus tendres années – à la notable exception de Joey, le chanteur filiforme et myope qui ne sait pas bien quoi faire de ses cent quatre-vingt-dix-huit centimètres, godiche empaillée, un peu paumé sans un micro à la main.

— Hey Joey, ça n'a pas l'air trop votre truc les bagarres de western, n'est-ce pas ? lui souffle Phil Spector. Ça tombe bien, j'aurais deux trois mots à vous dire en privé, si ça ne vous dérange pas. Montons à l'étage, je voudrais vous montrer quelque chose…

À l'étage, Phil Spector installe Joey Ramone dans un grand fauteuil et se met à parler, parler… tout y passe : le doo wop, que tous deux adorent, les rues de New York, qu'ils connaissent à peu près pareillement, les hommes politiques, la carrière de Spector et naturellement celle des Ramones.

— Vous savez ce que vous me rappelez, sacrés Ramones ? lance Spector. Mes propres débuts. Lorsque la musique était encore fraîche, brute, sans compromission et qu'elle ne racontait finalement que des histoires d'amour, d'amours tristes bien souvent. Des trucs pour ados, des chansons de moins de trois minutes et vous savez quoi, Joey ? Ça cartonnait méchamment.

— Oui, on sait tous ça, le rassure Joey Ramone. On connaît par cœur les singles que vous avez produits, des merveilles, assurément.

— Un paquet de numéros 1, renchérit le producteur en remplissant de rhum blanc le verre du Ramone bigleux. Et c'est précisément ce qui vous manque : des numéros 1. Un tube au moins.

— M'en parlez pas, Phil, c'est ce qu'on nous serine toutes les semaines dans les bureaux de Sire Records, acquiesce Joey. C'est pénible…

— Je connais parfaitement Seymour[1] et il a parfaitement raison, jette Spector. Vous avez besoin d'un tube et je peux vous donner les moyens d'en sortir un – sans devoir jeter vos blousons et vos convictions aux orties. Pour ça, il faut que je puisse produire votre prochain album…

Comme des mois plus tôt avec Deborah Harry, Phil Spector énumère son chapelet de conseils, ce qu'il convient de faire pour créer une grande chanson, quelque chose d'inoxydable comme *Be My Baby* ou *Da Doo Ron Ron*, et ce qu'il faudrait absolument réviser pour y parvenir. À commencer par minimiser l'importance des trois autres Ramones, "*un bon* backing band*, certes, surtout pour la scène, mais tout de même un peu léger pour graver un classique dans le vinyle*". Et ça dure, ça dure… et les verres succèdent aux verres, la bière au rhum blanc pour Joey, et un flacon entier de manischewitz pour Spector, de plus en plus soul, on s'en doute. Au rez-de-chaussée, Marky, Johnny et Dee Dee finissent par se lasser de leurs jeux de cow-boys. Ils ont transformé le salon en dépotoir,

1. Seymour Stein, cofondateur et alors patron du label Sire Records, filiale de Warner.

triste paysage de lendemain de cuite. N'y manquent que deux vautours en embuscade. Dee Dee explose :

— Putain, y en a marre, lance-t-il. Ça fait combien de temps qu'ils complotent dans notre dos ? Deux heures au moins, non ? Je vais chercher Joey.

Accroché à la rampe, le bassiste monte tant bien que mal l'escalier principal du Manoir et se dirige dans les couloirs, à l'oreille. Pour enfin découvrir Spector et Joey, sévèrement imbibés et un peu trop complices à son goût.

— Ça va, on vous dérange pas trop ? braille-t-il en entrant dans le petit salon.

— Wow ! Dee Dee, bredouille Joey. Tu ne devineras jamais ce que Phil nous propose, si ? De produire notre prochain album, c'est génial, non ?

— Ouais, je vois déjà le titre : "*Phil Spector presents Joey Ramone*", merci bien, s'étrangle Dee Dee en menaçant Spector avec son Colt.

— Dee Dee, le calme Spector, vous savez bien que votre arme est vide, je ne suis pas complètement dingue. En revanche, le barillet de celle-ci est plein.

— C'est quoi ce truc de dingues ? s'inquiète Dee Dee. Qu'est-ce que tu essaies de faire, Spector ? De dégoûter Joey des Ramones ? Joey, réveille-toi, on est chez les mabouls, viens on se casse.

— Dee Dee, tu n'iras nulle part avant que je ne l'aie décidé ainsi, lâche Spector, les yeux injectés et le Colt pointé vers sa tête. Nulle part ! Allez, tout le monde redescend, on va écouter un peu de musique pour nous calmer.

Vers cinq heures du matin enfin, Phil Spector relâche le groupe que le chauffeur ramène au Tropicana pour y cuver leur nuit merdique. Et méditer : après tout, confier le prochain disque à Spector n'est peut-être pas une si mauvaise idée, il conviendrait juste de zapper les soirées au Manoir et de rester soudés dans l'adversité. En mai 1979, les quatre faux frères Ramones retrouvent Los Angeles et Phil Spector pour l'enregistrement de *End of The Century*, leur cinquième album. En comparaison des normes spectoriennes, la mise en boîte de *End of The Century* est singulièrement courte – trois semaines. Mais par rapport aux habitudes du groupe, cela semble une incroyable perte de temps. Le producteur démiurge fait rejouer les riffs de guitares et les lignes de basse à l'infini. Ça ne lui convient jamais, c'est trop ceci ou pas assez cela, mais non, ça ne va jamais. À l'issue d'une séance où ses doigts saignent d'avoir répété trois heures durant les accords de *Let's Go* (mi, si, do, la), Johnny Ramone claque la porte du studio, non sans avoir toisé Spector d'un :

— Tu vas faire quoi maintenant, Ducon ? Me tirer dessus ?

Quelques heures plus tard, Dee Dee à son tour quitte le navire et rejoint New York. Finalement, sa prédiction est en train de se réaliser : *End of The Century* est moins un album des Ramones qu'un disque de Joey produit par Phil Spector. Lequel a embauché quelques fidèles requins pour refaire la plupart des parties instrumentales. *End of The Century* arrive dans les bacs aux premiers jours de 1980 et c'est plutôt un très bon disque qui parvient à se classer quarante-quatrième au Billboard américain – pas le triomphe fantasmé par Seymour Stein, les Ramones eux-mêmes et auguré par Phil Spector, mais à ce jour, leur meilleur résultat niveau ventes. Un deuxième album est même envisagé mais cette fois, c'est Phil Spector qui jette l'éponge :

— Sans moi, les gars, vous m'avez épuisé.

River Deep Mountain High on *Late Show with David Letterman* • Céline Dion

Céline

Ainsi, il avait produit *End of The Century* pour les Ramones mais quelle allait être la fin de son siècle à lui ? Lui, Phil Spector qui n'avait simplement plus envie, plus envie de quoi que ce soit. À quoi allait-il bien pouvoir passer ses journées pendant les vingt et une années qu'il restait à tirer avant d'entrer dans le XXIe siècle et, d'une pierre deux coups, dans le troisième millénaire ? Le 1er janvier 2001, car le prochain siècle commencerait naturellement ce jour-là et non le 1er janvier 2000 comme tant le pensent, le 1er janvier 2001, Harvey Phillip Spector aurait soixante et un ans… s'il les atteignait.

"*Mon père est mort à 45 ans*", songea-t-il durant toute cette période. Et au-delà.

Comme certains d'entre nous, Phil Spector s'est construit sur la disparition. Il est surtout connu pour avoir bâti ce Mur du Son qui lui colle à la peau, mais dans le même temps, il s'est forgé cette carapace de reclus, d'anachorète du rock pour se protéger des morts qui ont noirci sa vie. Son père donc, évidemment, les funérailles fondatrices, ce trou béant dans un cimetière qui a stoppé net sa croissance et fait tomber ses cheveux ; et tellement d'autres. Elvis, tiens, il n'y a pas si longtemps, Elvis qui l'avait un jour conchié mais avec qui il ne désespérait pas travailler – jusqu'à ce funeste jour d'août 1977 où le King était mort sur le trône, littéralement. Et puis…

"*Mesdames et messieurs, bonsoir, c'est un enfant du siècle qui vient de mourir assassiné, ce matin, à New York. John Lennon avait quarante ans tout juste.*"[1]

Depuis des heures, Phil Spector s'est recroquevillé sur lui-même, tel un fœtus. Il ne quitte plus sa chambre et refuse de parler à qui que ce soit. Un mort de plus, et pas n'importe qui, ce frère avec qui il s'est tellement marré et avec qui il se sera tellement engueulé ; un frangin, quoi, un vrai. L'addition *siou plaît*: le père, le King et le *frangibus*. Salée, l'addition émotionnelle. Pour le pur économat en revanche, aucun souci de trésorerie : les droits tombent avec la rigueur d'une montre suisse, lui permettant de conserver un train de vie des plus confortables. Ce qui un temps le maintient dans l'impression qu'il va pouvoir surmonter cette vague immense de chagrin, qu'en changeant d'environnement, d'habitudes, en un mot d'atmosphère, cela suffira. Il se trompe prodigieusement. Mais il y croit, dur comme fer. D'abord, il se remet à la colle avec une ancienne collaboratrice maîtresse revenue en état de grâce, Janis Zavala. Qui se presse de lui offrir des jumeaux, lui qui n'a pour l'instant été qu'un père adoptif et surtout un père par procuration, rarement disponible, le plus souvent absent. L'arrivée de Phillip Junior et de Nicole, en octobre 1982,

---

1. Ouverture du 20 heures d'Antenne 2 de Patrick Poivre d'Arvor, le 9 décembre 1980.

le métamorphose : dès le retour de maternité, il se met au wagon, oublie la bouteille. Puis il décide de tourner le dos à ce milieu à qui il a tellement donné, et déménage à Pasadena pour une belle demeure de trois étages, bien bourgeoise, avec piscine et jacuzzi et avant tout loin des plages abhorrées, des bellâtres bodybuildés et des studios d'enregistrement. Paradoxe, il ne parvient pas à passer une nuit sans penser aux studios Gold Star, sa deuxième maison, là où il a créé tellement de chefs-d'œuvre. Il n'y a aucune raison pour que d'autres continuent d'en profiter – si par extraordinaire ils parvenaient à capter la magie du lieu…

— Hautement improbable, songe à voix haute Phil Spector un soir en sortant de sa douche. Il faut pourtant que je m'occupe de leur plus totale innocuité. Que je m'en assure… dès maintenant.

Alors Phil Spector improvise, il ne veut pas remettre sa mission à plus tard. Charge le coffre de l'Eldorado avec toutes les bouteilles d'alcool à 90 degrés et tous les bidons d'essence pour tondeuses à gazon qu'il peut trouver dans la remise et se dirige à vitesse modérée direction Santa Monica Boulevard. Là, il se gare dans la ruelle qui fait l'angle avec Vine Street. Il connaît la venelle par cœur, l'entrée dérobée dont il a conservé un double des clefs. L'odeur de vieux tapis est encore plus prenante… qu'à son époque, d'autant que la cigarette ne la masque plus – voilà un bout de temps qu'on n'est plus venu enregistrer ici. Alors Phil Spector arrose généreusement d'alcool puis d'essence tout ce qui brûle facilement : les bureaux, les stocks de partitions, les paravents amovibles – les fameux panacs… Et ça prend, ça prend même très bien – trop vite et trop bien : des flammes immenses, irréfléchies, indomptables, s'élancent vers le faux plafond où les fumées se condensent en gros moutons noirs et menaçants au sein desquels semblent exploser des poches de gaz, ces anges danseurs bien connus des pompiers. Perplexe, Phil Spector, lui, y voit les figures grimaçantes de son passé : Hal Blaine concentré sur ses fûts en un rictus immonde, l'impavide Carol Kaye comme possédée par sa grosse Fender Precision, le patriarche Barney Kessel cassant le manche de sa Gibson L5 qui repousse instantanément, et encore Dr John et Leon Russell tournant sur eux-mêmes en une transe vaudoue, Jim Gordon massacrant un vibraphone jouet, et au beau milieu, une folle sarabande où il reconnaît sans peine les spectres de John Lennon, de Lenny Bruce, d'Elvis Presley ; de son propre père. L'air est devenu irrespirable lorsqu'un morceau du faux plafond se détache pour atterrir sur le crâne du pauvre Spector dont la perruque s'embrase en un clin d'œil. Panique. Passant en pilotage automatique, le petit producteur arrache le postiche en flammes tout en courant vers les toilettes encore épargnées par l'incendie. L'eau du robinet a raison du brasier qui a tout de même eu le temps de faire des carnages : des touffes de cheveux synthétiques se sont agglomérées dans son crâne couleur de fusain et lui-même a des allures de vieille bougie. Il souffre atrocement. Dans un dernier effort, Harvey Phillip Spector rejoint la ruelle, démarre la Chevrolet et retourne à Pasadena alors que les studios Gold Star s'effondrent comme un vieux jeu de cartes truquées.

Cela lui aura coûté cher – son scalp est méchamment amoché et le lance pendant plusieurs semaines, transformant ses nuits irrégulières en insomnie chronique –, mais la page semble bel et bien tournée. L'incendie des studios Gold Star n'a eu droit qu'à de malheureux paragraphes dans la presse régionale et n'a pas causé plus de dérangement à Spector que quatre demandes d'interview auxquelles il n'a pas daigné répondre. Deux policiers se sont tout de même pointés à la maison d'Arroyo Boulevard. Dans la semi-pénombre d'un des salons du rez-de-chaussée, dos à la fenêtre et donc en plein contre-jour, Phil Spector, enfoui sous une grande casquette à la Donny Hathaway, répond à leurs questions.

— Monsieur Spector, vous avez travaillé à de nombreuses reprises aux studios Gold Star, lance l'un des deux policiers.

— Vous voulez dire que j'y ai passé l'essentiel de mes nuits pendant quinze ans, précise Spector. Ces studios me doivent beaucoup mais je leur dois au moins autant. Leur disparition est un désastre émotionnel, comme la perte d'un être cher. J'ai beaucoup de chagrin.

— Vous souvenez-vous de la dernière fois où vous vous y êtes rendu ? questionne le second flic.

— Messieurs, vous avez devant vous un vieil homme, un producteur à la retraite, répond Spector. Je ne me souviens pas avec précision de la date, mais je pense que cela se passait au printemps 1979 avec mes amis les

Ramones, pour l'enregistrement de *End of the Century*, oui c'est ça, je dirais mai ou juin 1979. Ça ne date pas précisément d'hier…

— En effet, Monsieur Spector, acquiesce l'officier numéro 1. En effet. Vous avez sans doute vu que l'incendie qui a détruit les studios était d'origine criminelle…

— Je l'ai lu, oui, le coupe Phil Spector. Et j'avoue n'y rien comprendre ; mettre le feu à des studios, pour quoi faire ? Pour toucher les assurances ? Vous savez, on a beau y avoir gravé des plages merveilleuses, des disques qu'on écoutera encore dans cent ans, les studios Gold Star n'avaient rien de bien luxueux et la bâtisse prenait l'eau de toute part – cela participait à son charme, mais ça ne va pas rapporter grand-chose, à mon point de vue. Incompréhensible. Vous avez avancé sur le sujet, je veux dire, avez-vous découvert des indices pouvant mener au pyromane ?

— Quatre bidons d'essence pour motoculteurs, et c'est à peu près tout, reconnaît, penaud le deuxième officier. Une dernière question, Monsieur Spector, une question de pure routine : où étiez-vous cette fameuse nuit de mars ?

— Oh, c'est bien simple, depuis la naissance de mes jumeaux, je me couche avec le soleil et je me lève avec les poules, rétorque Phil Spector. Alors où étais-je ? Dans mon lit, tout simplement. La vie d'un retraité, Messieurs, la vie d'un vieux retraité. Désolé de ne pas pouvoir vous aider davantage.

Phil Spector ne sera jamais inquiété pour l'incendie des studios Gold Star. Tournée, la page, et bien tournée. Alors Phil Spector reprend la petite existence qu'il s'est inventée, son crâne finit par cicatriser totalement et lui-même retrouve un peu le sommeil. Parfois, le métier se rappelle à son bon souvenir, deux fois par an déjà, les royalties tombent avec une précision de coucou helvète. Certains vieux collaborateurs parviennent même à mettre la main sur son numéro de téléphone mais en général, il maquille sa voix pour répondre, histoire de ne pas les recroiser, d'évoquer le bon vieux temps. Pas la moindre envie. Les enfants poussent, cela suffit à son idée du bonheur. À chaque début de trimestre, par courrier direct ou via son avocat, Phil Spector reçoit des demandes d'utilisation de ses anciens succès pour quelque production cinématographique, demandes qui terminent invariablement au panier. Pas envie, pas la moindre envie. Pourtant, au milieu des années 1980, une lettre émanant de Vestron Pictures retient son attention. Il n'a jamais entendu parler de ces studios, mais le titre du film en question l'amuse : *Dirty Dancing*. Il accepte exceptionnellement donc d'accorder l'utilisation de *Be My Baby* pour la scène d'ouverture de *Dirty Dancing*; un sacré flair – il se vendra trente-deux millions d'exemplaires de la BO, dont quatorze millions dans les seuls États-Unis d'Amérique. Ainsi, Spector reçoit un nouveau disque de platine qu'il s'empresse d'accrocher dans son petit couloir à trophées dont il a seul la clef. Et sans même apparaître en public, sans avoir eu besoin de retourner en studio pour produire un nouveau disque,

Phil Spector est à nouveau numéro 1. On recommence à parler de lui – certains pensaient même qu'il était mort – alors qu'il n'a même pas cinquante ans. Et tout ça en vérité ne lui déplaît pas vraiment. On ne l'a donc pas oublié ; amusant. Quelques mois après la sortie de *Dirty Dancing*, Spector est intronisé au tout nouveau Rock'n'Roll Hall of Fame. Lorsqu'il arrive au micro, après les petits speeches d'Ahmet Ertegun puis de Tina Turner, il est littéralement torché et, la bouche pâteuse, peine à aligner deux phrases cohérentes – durée de son discours : cinquante-sept secondes, record à battre ! Mais le public du Waldorf-Astoria où se déroule la cérémonie le gratifie d'une standing ovation fantastique. Spector est redevenu le maître du monde. Dans la foulée, l'idée d'un film de cinéma retraçant sa vie et surtout sa carrière refait surface. Il voit grand, très grand :

— J'imagine une saga d'environ trois heures, s'excite-t-il devant une poignée d'invités à la réception suivant la cérémonie. Je vois Tom Wolfe pour le scénario et un réalisateur différent pour les trois grandes parties : j'ai l'accord de mon ami Dennis Hopper pour s'occuper des débuts et j'ai de bons espoirs de convaincre Stan Kubrick et Marty Scorsese pour la suite. Naturellement, Al Pacino est à mon sens le seul à pouvoir interpréter mon rôle – nous nous sommes mis d'accord à ce sujet il y a des années de cela. Franchement, ça pourrait être grandiose.

Ça ne le sera pas. À la place du biopic tant rêvé, Phil Spector est panthéonisé dans un coffret sur la pochette duquel la silhouette du producteur se détache sur un mur de briques et qu'on a sobrement intitulé *Back to Mono* – des années durant, Spector arborera en toutes circonstances le badge blanc sur rouge contenu dans le mastaba discographique, *Back to Mono.* À l'intérieur, quatre disques compacts retracent sa carrière de 1958 à 1969, mais pas la suite – il n'a contractuellement pas pu disposer de ses travaux postérieurs et parfois grandioses pour les Beatles, John Lennon, George Harrison, Leonard Cohen, les Ramones mais aussi Dion DiMucci et quelques autres. *Back to Mono* est unanimement salué par la critique et permet à toute une génération de découvrir le génie de Phil Spector – mais limitant par là même son influence aux seules années 1960. Quarante-trois jours après la sortie de *Back to Mono*, Phillip Junior meurt d'une leucémie aiguë ; il venait d'avoir neuf ans. Nous sommes le 25 décembre 1991, la veille du cinquante-deuxième anniversaire de Phil Spector.

— À ce rythme-là, je ne tiendrais pas jusqu'à l'an 2000, confie-t-il à Janis, la pauvre maman, à l'issue des funérailles, avant de prendre la poudre d'escampette.

Direction New York et le Waldorf-Astoria, là même où ses pairs l'ont consacré trois ans plus tôt. Mais pour hanter une suite qu'il transforme en sombre mausolée. Partout des bougies et, sur les murs, des agrandissements photographiques qu'il a fait faire de ses trop nombreux mais si chers disparus. Phillip Jr., naturellement y est omniprésent, mais aussi Lenny Bruce, Elvis, Lennon et même Brian Jones, pourtant pas le Rolling Stones qu'il a le plus connu. L'ambiance est lugubre et l'atmosphère rapidement nauséabonde car Spector a exigé n'avoir qu'une visite bimensuelle des services de nettoyage – mais après tout, il paye le prix fort, alors… Lui-même est méconnaissable, ne se rasant plus et ne se nourrissant plus que de crème glacée ainsi que de manischewitz qu'un deli de Park Avenue lui livre par caisse tous les trois ou quatre jours. Phil Spector ne répond plus au téléphone, ne reçoit absolument personne – de toutes façons, personne ne sait vraiment où il se trouve. Il erre en robe de chambre, mi-Hugh Hefner, mi Howard Hugues, période Las Vegas. Phil Spector l'anachorète. La plaisanterie qui ne fait rire personne, à commencer par lui, dure un an. Et le voilà à nouveau sous le soleil pourtant honni de Californie, The Golden State.

"*Putain de soleil!*" est d'ailleurs sa première pensée lorsqu'il sort de LAX, l'aéroport international de Los Angeles. "*Putain de putain de soleil*"…

Dans le but de recoller si ce n'est avec la ville dans son entité mais avec sa petite famille, Phil Spector a fait des efforts. Il est allé chez le coiffeur et a fait venir la manucure ; il a repris forme humaine mais n'en demeure pas moins totalement déprimé. Mutique. Physiquement présent mais en réalité toujours inscrit aux abonnés absents. Comme on l'a vu, depuis la mort de son fils, Phil Spector a repris sa relation aussi intense que dépassionnée avec le vin casher ultra-sucré. Ça lui tape sur les nerfs et cela cause le départ de la trop discrète Janis de la villa de

Pasadena avec la petite Nicole sous le bras. Spector se retrouve une fois de plus tout seul – il a depuis longtemps donné leur congé à ses gardes du corps et autre factotum enfouraillé. Seul. À tourner en rond, à ressasser les mêmes aigreurs, à maudire Dieu et puis les hommes. Et puis lui-même :

— J'ai des démons à l'intérieur de moi, songe-t-il souvent. Je suis mon pire ennemi…

Lui, Phil Spector à nouveau semble avoir été oublié, rangé avec les vieux souvenirs vaguement embarrassants, sujet de plus en plus rare de conversations de plus en plus vagues, de plus en plus absconses. Telle celle-ci, parfaitement anonyme, surprise dans le lobby d'un hôtel du Strip angeleno :

— Phil Spector ? Oui, je l'ai bien connu, mais c'était il y a tellement longtemps. Je crois bien qu'il est mort.

— J'ai entendu dire qu'il était en prison.

— Ah ? On m'avait parlé d'un asile psychiatrique !

— Spector ? C'est plutôt au Betty Ford Center qu'il faudrait chercher sa trace ![1]

… le tout se noyant dans des cascades de rires gras autant qu'apoplectiques. Misère. Heureusement pour lui, Phil Spector n'entend pas les railleries – il a repris ses habitudes d'ermite mais au moins se rase-t-il désormais. Ses journées, il les passe en grande majorité dans

1. Centre de désintoxication (surtout alcoolique) créé par l'épouse de l'ancien président Gerald Ford et où Elizabeth Taylor, Liza Minelli et autre Jerry Lee Lewis ont eu une camisole à leurs initiales.

cette chambre désormais bien vide où trône, face au lit, un immense téléviseur à écran plasma qu'il fixe pendant des heures, son coupé, comme il ferait face à un aquarium – ou plutôt, comme s'il se trouvait paralysé à l'intérieur d'un aquarium. Tout y passe, tout est logé à la même enseigne, tout a droit à sa même approbation muette : compétitions de snooker ou de curling, séries romantiques, télé-achat, classiques du cinéma hollywoodien, documentaires animaliers, débats politiques, westerns, dessins animés vintage, information en continu, qu'importe. Spector, depuis son lit, n'effectue aucune sélection, ne prévoit aucun emploi du temps, n'a pas la moindre notion des programmes – il bouffe de l'image comme d'autres des crackers, au moins cela n'affecte pas sa ligne. Ah si, tout de même, il picole, alternant punchs au fruit, le jour, et manischewitz, la nuit. Parfois l'inverse. Et les semaines, les mois passent de la sorte, dans le silence presque absolu de cette maison privée de visite et dénuée de vie. Le téléphone ne sonne quasiment plus et rares sont ceux qui possèdent les numéros de la maison, plus rares encore ceux qui osent déranger l'âme dérangée qui s'y est réfugiée. Paul Shaffer est de ceux-ci.

Près de dix ans les séparent mais sinon, Paul Shaffer partage de nombreux points communs avec Phil Spector. La taille d'abord, ce modeste mètre soixante-cinq qui leur a souvent valu une réputation de minus au pays des quarterbacks. La calvitie précoce ensuite, ce même si Shaffer n'a jamais vraiment songé à la camoufler, lui. Cette pareille judéité plus culturelle que cultuelle. Et enfin,

Paul Shaffer et Phil Spector sont des musiciens accomplis, dotés tous deux d'une oreille exceptionnelle, le Canadien ayant mis la sienne au service d'innombrables musiciens et faisant désormais bouillir la marmite en dirigeant The World Most Dangerous Band, l'orchestre maison du Late Show de David Letterman sur NBC puis sur CBS, ou celui des cérémonies du Rock'n'Roll Hall of Fame – c'est à cette occasion qu'ils se sont vus la dernière fois. Les deux s'apprécient sincèrement.

Dans l'après-midi du 8 août 1994, Paul Shaffer appelle Spector. Pour prendre des nouvelles, mais pas uniquement.

— Paul ? Quelle surprise, lance Spector sincèrement content. Tu deviens quoi depuis le Waldorf? Toujours chez Letterman ?

— Toujours, réponds Shaffer. À ce propos, j'aimerais connaître ton avis sur le show de ce soir : regarde-le sur le coup de minuit, et reviens vers moi pour me dire ce que tu penses de cette chanteuse, Céline Dion.

— Céline Dion ? Aucun lien de parenté avec le Dion des Belmonts ? s'inquiète Spector.

— Non, c'est une jeune Canadienne, ultra-douée, rétorque Shaffer.

— Canadienne ! s'étrangle le producteur reclus. Une nièce à toi ?

— Même pas. Promets-moi que tu vas regarder.

— Promis.

Le soir, confortablement calé sur le lit *king size*, un flacon de manischewitz largement entamé en main, Phil Spector remet le son de sa télé XXL et attend. L'invité de Letterman est cette grande saucisse de Howard Stern qui, dans la foulée de son autobiographie, *Private Parts* ("*Parties Intimes*" en VF) vient de lancer une nouvelle émission de télé sur le câble. Enfin, Letterman lance le final musical :

— Notre prochaine invitée est une chanteuse canadienne, récompensée par un Grammy. Faites-moi le plaisir d'accueillir la délicieusement talentueuse Céline Dion !

Dès la toute première mesure, Spector a compris : la gamine est sur le point de massacrer *River Deep, Mountain High* sur ses propres arrangements que Shaffer a simplement décalqués. T-shirt blanc, veste en jean, la Dion en question n'a pas une once de la félinité qui sied à la chanson – n'est pas Tina Turner qui veut. Et pourtant, dès qu'elle ouvre la bouche, bon Dieu qu'elle assure, la môme ! Tempo, puissance, elle envoie sans la moindre fausse note, sans paraître le moins du monde fatiguée par cet exercice de haut vol. Phil Spector est maintenant assis au bord du lit, le nez littéralement collé à l'écran plasma.

— Je la veux, songe Spector, extatique. Je m'en vais te la spectoriser !

Par l'entremise de Shaffer à qui il parle aux petites heures du matin, Phil Spector parvient sans problème à joindre le staff de Céline Dion – Letterman comme elle font partie du géant Sony. Enfin, avant le soir, il a en ligne René Angelil, son manager et mentor – et bientôt son époux – celui sans qui rien n'est possible.

— Monsieur Angélil, commence Spector, je suis réellement tombé amoureux de Céline hier soir, devant mon poste de télévision. Quelle voix ! Quel talent ! J'adorerais produire son prochain album, je suis sûr qu'elle pourrait ainsi obtenir un triomphe planétaire.

— Hum, nous sommes très honorés de votre proposition, vous restez une référence dans le domaine du disque, le flatte Angélil, mais vous savez, le succès, nous l'avons déjà aux États-Unis – sans parler des pays francophones. Laissez-nous quinze jours de réflexion.

Sincèrement, Phil Spector s'attendait à un peu plus d'enthousiasme de la part du clan canadien. Mais étonnamment beau joueur sur ce coup-là, il a décidé de ne pas lâcher l'affaire, bien décidé à relancer sa carrière – à se bouger un peu. Ce même si, deux semaines plus tard, Angélil le douche une fois encore :

— Écoutez Phil, commence l'homme d'affaires et pygmalion, Céline et moi sommes tombés d'accord. D'accord pour que vous produisiez quelques chansons de son prochain album mais pas le disque entier. Non que nous n'apprécions pas votre travail, bien au contraire, mais parce que les temps ont changé et que nous désirons un résultat d'une bien plus grande variété que s'il était confié à un seul homme, fut-il un génie des studios comme vous l'êtes, ne vous méprenez-pas. Qu'en pensez-vous ?

— J'apprécie votre honnêteté, susurre Spector, alors pour moi c'est "banco" ! Saluez Céline de ma part.

La semaine précédant l'arrivée de Céline Dion à Los Angeles, Phil Spector a réservé le plus grand studio d'Ocean Way Recording, sur Sunset, et convoqué une armée de musiciens qui en emplissent le moindre centimètre carré. Un bataillon de guitares, une légion de percussions, une demi-douzaine de claviers plus des cuivres, une section de cordes à plein temps et un chœur mixte. Et lorsqu'enfin, la chanteuse canadienne pénètre dans le studio, elle est littéralement confrontée à une cataracte solide de musique. Mais ça ne lui fait pas peur : c'est une stakhanoviste et son ambition est démesurée. Les séances durent des nuits entières, Spector la fait recommencer encore et encore ? Elle s'en amuse, du moins au début :

— On dormira quand on sera mort ! rigole-t-elle.

René Angélil n'est pas de cet avis. Et demande à Spector de réduire les cadences, de ménager sa pouliche. Rien n'y fait. Alors Angélil fait venir un cadre de chez Columbia, inspecteur des travaux finis qui à son tour tente de faire ralentir la machine afin, dit-il, "*de préserver la voix de Mademoiselle Dion*". Le ton monte, les noms d'oiseaux fusent et c'est une guerre des tranchées que vont mener les deux clans en présence, Angélil et le sbire de la maison de disques contre Phil Spector, vent débout, qui n'en démord pas. Sa consommation d'alcool a graduellement augmenté pour atteindre des niveaux zambéziens. Et un jour, Phil Spector explose :

— Dites au gugusse de chez Sony qu'il retourne à la maison mère, là-bas, au Pays du Soleil levant, éructe-t-il dans un rot de vodka. Il y a un excellent avion pour Tokyo sur le coup de midi et je peux l'y pousser à grands coups de pieds où je pense !

C'est fini. En moins de quarante-huit heures, le clan canadien a quitté les lieux, interdisant par voie d'huissier à Phil Spector d'utiliser les deux ou trois chansons qu'ils ont pu mettre en boîte. Aucune d'elle ne verra le jour et au printemps 1996, Céline Dion sort son quatrième album anglophone sans la moindre allusion au fantasque producteur – ou presque : dans un ultime pied de nez et non sans sadisme, le disque contient une reprise (bien trop rapide, en deux mots, ridicule) de ce *River Deep, Mountain High* que Spector avait coécrit pour Tina Turner et grâce auquel il avait découvert la chanteuse canadienne, une nuit, scotché à son écran plasma. Une télé et une chambre qu'il a retrouvées au lendemain de la défection du couple Dion-Angélil et où il va apprendre le décès de sa mère. Une année décidément bien noire.

Silence is easy • Starsailor

Nancy

Dans cette deuxième moitié des années 1990, ce gigantesque et pathétique compte à rebours vers un an 2000 fantasmé, Harvey Phillip Spector semble s'être stabilisé. Anéanti par la liste des morts qui ne cesse de s'allonger, triste privilège de l'âge, il a curieusement repris une certaine vie sociale. Bien sûr, l'épisode Céline Dion aurait pu le terrasser, mais il s'en est relevé, sans le moindre commentaire public et sans trop de heurts, finalement. Sans doute ne forgera-t-il plus de chefs-d'œuvre à la hauteur de ses singles pour les Crystals ou les Ronettes, sans doute ne parviendra-t-il plus jamais à démouler des monuments comme son *Christmas Album* ou le *All Things Must Pass* de George Harrison, mais au moins lui est-on redevable pour cela – et il a repris goût aux tapis rouges et aux soirées de gala le lui rappelant. Il essaie de moins boire aussi, enfin différemment, à l'anglaise pourrait-on dire, seulement le soir et de préférence en fin de semaine, bien que pour un type se levant à midi et se couchant aux aurores, le soir est souvent là. Mais il lutte.

Musicalement, des projets, il n'en a plus. De toute façon, la musique qui cartonne en 1997 ne l'intéresse pas – les Spice Girls sont la toute nouvelle sensation planétaire. Sans même parler du rap… Le 31 août 1997, une Mercedes Benz S280 de couleur noire de la flotte Étoile

Limousines s'encastre à trop vive allure dans un pilier d'un souterrain parisien, sous le Pont de l'Alma. Au volant, Henri Paul, le chauffeur, meurt instantanément, tout comme Dodi Al-Fayed sur la banquette arrière. À côté de ce dernier, Lady Diana Spencer vit ses derniers instants. L'annonce de son décès provoque un tsunami émotionnel sans précédent. Proche de la Princesse de Galles, Elton John s'attelle à retravailler son *Candle in the Wind* – originellement dédiée à Marylin Monroe – pour les funérailles. Il demande à son fidèle Bernie Taupin de changer quelques paroles, Norma Jeane devenant England's Rose, et s'empare de son téléphone pour une conversation peu banale :

— Allô, Phil Spector ? lance-t-il. C'est Elton John à l'appareil, j'espère que je ne vous dérange pas.

— Je vous écoute, répond Spector, froid comme le marbre.

— Comme vous le savez, cette pauvre Diana vient de nous quitter et j'aimerais réenregistrer *Candle in the Wind* afin de lui rendre l'hommage que le monde entier attend, déroule sans respirer le chanteur. Il nous semble, ici à Londres, que vous seriez le producteur idéal pour une telle entreprise ; le seul à même d'offrir l'écrin somptueux qu'elle mérite. Si vous êtes partant, je vous réserve tout de suite un aller en first pour Londres, pour vous et ceux que vous désirez ; dites-moi – je ne vous cache pas que c'est assez urgent.

— Elton John ? oui, ça me revient, ironise Spector. Vous êtes bien ce chanteur bouffi qui se produit dans des costumes ridicules, n'est-ce pas ? Ce voleur qui, il y a une bonne vingtaine d'années, a littéralement copié mon style de production pour une chanson de Noël[1] sans même m'en avertir, sans même me créditer, c'est bien vous, n'est-ce pas ? Vous, si je me souviens bien, qui êtes même venu en studio espionner ma façon de travailler ? Vous comprendrez dans ce cas que je ne donne pas suite à votre demande.

Et Phil Spector raccroche, satisfait pendant quelques secondes puis se demandant s'il ne vient pas de faire une très grosse connerie. Elton John n'avait pas été le premier à imiter son Mur du Son et il y en avait eu pléthore par la suite. Et puis, si la chanson produite par lui sortait dans les bacs, cela aurait pu lui offrir un de ces succès qu'il n'a plus connu depuis… vingt-sept ans et *My Sweet Lord*. Arrangée à la hâte par George Martin qui s'est contenté d'ajouter un quatuor à cordes un rien spectorien, ce *Candle in the Wind* revisité effectivement est un succès. Énorme, colossal, jamais vu – trente-trois millions d'exemplaires recensés. "*Carrramba, encore raté !*" aurait dit, perfide, le perroquet de *L'oreille cassée*. Phil Spector est furieux. Furieux envers lui-même, évidemment. Pas pour longtemps.

Quelques jours plus tard, son téléphone sonne à nouveau et Spector a décidé d'être le plus gentil, le plus mielleux possible. Le plus disponible.

---

1. *Step Into Christmas*, d'Elton John et Bernie Taupin (1973).

— Bonjour Monsieur Spector, c'est Tom Cruise à l'appareil. Je suis un très grand admirateur de votre travail et je pense posséder à peu près tous les disques que vous avez produits.

— C'est tout à fait aimable, réponds Spector, intrigué. En quoi puis-je vous être d'une quelconque utilité ? Il manque un 45 tours à votre collection, peut-être ?

— Ah ah ah ! s'amuse Cruise. Non, voilà, il se trouve que je suis pour quelques jours à Los Angeles et que j'aurais aimé vous entretenir d'un projet qui me tient à cœur.

— Un projet ?

— Un projet. De film. Sur vous. Un biopic, comme on dit.

Un film sur la vie de Phil Spector ; ainsi, la vieille Arlésienne est-elle en train de repointer le bout de son nez. Et avec Tom Cruise, s'il vous plaît. Une des plus grandes stars hollywoodiennes avec à son actif des cartons au box-office comme *Top Gun* ou *Mission : Impossible.* Spector l'invite à Pasadena et toute la soirée durant, il lui sert du Phil Spector pur sucre, lui faisant visiter le rez-de-chaussée, exhumant disques d'or et de platine, trophées divers et jouant lui-même un pot-pourri de ses propres succès au piano.

— Et ce projet de film, au fait ? lance-t-il en resservant son hôte.

— Un biopic écrit et réalisé par Cameron Crowe, précise Tom Cruise. Vous avez vu *Jerry McGuire,* cher Phil ?

— Je n'ai pas eu cette chance, mais je lis la presse spécialisée et je conserve quelques liens à Hollywood, précise Spector. Je connais la valeur de Cameron Crowe – sans parler de la vôtre.

Cette fois, cela semble sérieux. Plus qu'avec Dennis Hopper, le vieux copain, davantage qu'avec Al Pacino. Cette fois, Universal est prêt à ouvrir les vannes.

— Aurais-je mon mot à dire sur le scénario ? demande, innocemment, le producteur.

— Oh, j'imagine, répond Tom Cruise.

Pourtant, le film jamais ne se fera, Spector et Cameron Crowe ne parvenant pas à s'entendre, ni sur le titre (*To Know Him Is To Love Him* pour l'un, *He's a Rebel* pour l'autre), pas plus que sur le moment où terminer l'histoire (en 1971, pour Spector, aujourd'hui, pour Crowe). Carrramba, encore raté ! Alors une nouvelle fois, Phil Spector se réfugie dans la bouteille et sombre dans l'ivresse sans fond.

Entre deux nuits blanches et deux flacons de manischewitz, il décide de déménager, ameute les maigres troupes qui continuent de répondre à ses appels pour lui trouver un nouveau chez lui. Quelque chose de spacieux mais excentré, davantage encore que Pasadena. Un château, peut-être ? Pourquoi pas un château. Va pour un château.

Au sud de Pasadena, à une poignée de kilomètres de la grande maison où il a vécu en pointillé quinze années durant, se trouve Alhambra, triste faubourg ouvrier qu'on jurerait situé à des années-lumière de Sunset et de

Santa Monica et c'est l'une des raisons qui convainquent Phil Spector de partir s'installer là-bas. L'autre, évidemment, est cet incroyable castelet qui s'élève au sommet d'un monticule hautement boisé qui le rend totalement invisible au commun des mortels – d'autant qu'on y accède exclusivement par une voie privée. Le Pyrenees Castle a été bâti dans les années 1920 par un riche éleveur de moutons basque nommé Sylvestre Dupuy qui aurait profité de sa situation géographique pour y cacher un certain nombre de gangsters pendant la prohibition. Phil Spector, lui, n'a rien d'autre à cacher que sa solitude ; il acquiert le Pyrenees Castle pour un tout petit peu plus d'un million de dollars. Pendant deux mois, il fait réaliser de substantiels travaux dans le Château ; tout est repeint en clair, il accorde à nouveau une vraie pièce à ses trophées, fait venir plusieurs billards professionnels et même un vivarium pour ses trois bébés iguane, Godzilla, Laurel et Hardy, dont il aime le silence et ce sentiment de provenir d'un espace-temps différent. Il se sent bien, malgré ce problème à la prostate que lui a trouvé le toubib – *a priori* pas de cancer mais il va devoir porter des protections urinaires. Il est chez lui. Seul, à la notable exception d'un nouveau garde du corps et d'une femme chargée du ménage pendant ses heures de sommeil – enfin, de tentative de sommeil. Ainsi se terminent ces fichues années 1990 et leur cortège de déconvenues, de morts et de projets avortés.

Bye Bye Nineties !

C'est en tout petit comité que Phil Spector enterre le XXe siècle et le deuxième millénaire, en cette nuit du 31 décembre 2000. Quelques amis choisis qui vont applaudir lorsqu'il remettra pour la vingt-huitième fois consécutive *River Deep, Mountain High* ("*Mais notre version, hein, pas celle de la Canadienne!*") et ne fronceront pas les sourcils quand il se resservira un nouveau verre de vin – ou bien de rhum, après dîner. Quelques amis proches, donc : les désormais anciens combattants de sa Wrecking Crew, enfin, une poignée : Hal Blaine, Larry Knetchel, la toujours piquante Carol Kaye mais aussi Don Randi, pas qu'un peu étonnés d'avoir été invités dans le saint des saints. Et puis c'est tout. Des survivants, comme lui. Jack Nitzsche ? Il a rejoint les étoiles, à son tour. Et ses chanteuses ? Darlene Love ? Dolores Lala Brooks ? Estelle Bennett ? Nan, pas de chanteuses, ces perfides qui depuis des années tentent de le tondre à propos de vieux impayés de l'époque Philles Records, il y a plus de 35 ans. Pas de chanteuse, enfin si, une que Spector n'a pas annoncée et qui se pointe fort tardivement, comme le premier éclat, la première étoile du nouveau millénaire : Nancy Sinatra, dont les invités ne tardent pas à comprendre qu'il y a un peu plus qu'une belle amitié entre Spector et elle. Nancy Sinatra et Phil Spector se connaissent depuis le milieu des années 1960, lorsque la jeune femme enregistrait son tout premier album sous la houlette de Lee Hazlewood – un modèle pour Spector – et avec plusieurs requins présents ce soir à Pyrenees Castle, Blaine, Kaye et Randi.

— Ah, c'est pour ça que tu nous as invités, vieux pirate, s'amuse Don Randi. Pour nous remémorer nos tendres années !

— Oui, confirme Spector. Mais pas seulement. Nous avons quelques projets, Nancy et moi...

— ... d'abord, le coupe l'intéressée, d'abord passer un bout de temps ensemble. Nous ne sommes plus si jeunes que ça, l'un comme l'autre ; il est peut-être temps de nous caser, pour de bon.

La petite assemblée applaudit d'un seul homme ! Wow ! quel scoop !

— Vous devriez en profiter pour enregistrer un disque, propose Blaine. *Phil & Nancy*, ça aurait de la gueule ! Hey, boss, c'est pour ça que tu nous as fait venir, pas vrai ?

— Chaque chose en son temps, mais... attendez, oui, il est minuit, le coupe Spector. Bonne année les amis !

Ainsi commence l'année 2001 pour Phil Spector : entouré de quelques amis chers qui convoquent évidemment d'innombrables souvenirs mais qui de surcroît lui esquissent un avenir. Un disque avec Nancy Sinatra ? Un beau rêve qui, hélas, jamais ne se réalisera – pas davantage que ce mariage évoqué plus haut. La relation entre ces deux icônes de la pop sixties perdure quelques mois, on les aperçoit bras dessus bras dessous à quelque mondanité, mais c'est bien séparément que Phil Spector et Nancy Sinatra célébreront l'année suivante – ils sont trop semblables pour se supporter plus de deux soirs d'affilée. Dans l'intervalle, le désormais sexagénaire s'est rapprochée de sa fille Nicole, désormais âgée de dix-neuf ans et seul véritable lien avec sa "famille".

Le 28 août 2001, Mohammed Atta reçoit un coup de téléphone capital pour la suite de son existence – et pour celle de milliers d'autres : on lui précise la date exacte où son stage intensif de pilotage de l'année précédente va prendre tout son sens. Dans quinze jours exactement, il prendra les commandes d'un Boeing 767 d'American Airlines qu'il ira faire s'encastrer dans la tour nord du World Trade Center. En attendant, ce soir du même 28 août, Nicole traîne son père au Troubadour, là même où il avait découvert Lenny Bruce sur une scène et des années plus tard pris contact avec Leonard Cohen pour la bérézina qu'on sait. Ce soir se produit un tout jeune groupe anglais originaire du Cheshire comme le chat proto surréaliste de *Alice au Pays des merveilles* dont ils empruntent parfois d'ailleurs le sourire énigmatique. Mais ils sont bons, foutrement bons même. Dans un de ces excès d'optimisme dont il sait être coutumier, Spector les bombarde "nouveaux Beatles" et les contacte, leur proposant tout simplement de produire leur prochain album, exercice qu'il n'a plus mené de bout en bout depuis les années 1970 ! Spector les invite à Pyrenees Castle et les envoûte avec ses histoires sans fin et les tonnes d'anecdotes qu'il raconte comme personne. Sans qu'aucun contrat officiel n'ait encore été signé, Spector proclame à qui veut l'entendre que le disque est déjà dans les tuyaux et qu'il va être "énorme, phénoménal", comme ceux qu'enregistrait un certain quatuor anglais au siècle précédent. Phil is Back ?

Phil est de retour, en effet. D'abord à Londres où il investit les studios Metropolis une semaine durant, "*pour voir*". Alors, huit jours d'affilée et "*à l'heure de Los Angeles*" (de 18 heures à 4 heures du matin), Phil Spector est aux manettes, interdisant tout synthétiseur, boîte à rythme et autre logiciel genre ProTools.

— On va travailler sur l'écho, les garçons, impose Spector. Tout est question d'écho.

Les quatre Starsailor sont ravis de la tournure qu'ont pris les évènements et donnent leur accord pour poursuivre l'expérience, quelques semaines plus tard, aux Studios Abbey Road, oui, ceux des Beatles – quel symbole. À leurs retrouvailles, les post-rockeurs ne reconnaissent pas le Phil Spector élégant, gouailleur, gentiment voyou et authentique sorcier de l'enregistrement mais découvrent un dictateur imbibé dès son arrivée aux studios. Et après un mois plein de séances pénibles, Phil Spector est remercié. Sans cris, sans destruction de matériel – sans même l'apparition de la plus petite arme à feu ("*Tu baisses, Phillip,* se dit le producteur. *Tu baisses...*").. En octobre 2002, le producteur, déçu, aigri retrouve Alhambra et son Manoir, ce Pyrenees Castle. L'expérience londonienne l'a vieilli de quinze ans. Lorsqu'il sort, le 15 septembre 2003, *Silence Is Easy*, le deuxième album de Starsailor, ne comporte que deux des titres produits par Phil Spector, la chanson titre et

White Dove. Mais à ce moment-là, Harvey Philip Spector a changé de catégorie et son futur se voit moins disséqué dans les pages *Culture* des magazines qu'à la rubrique *Faits divers* avant d'échouer à la section *Justice.*

The Pusher • Steppenwolf

Lana

Depuis le palier séparant les deux volées de marches qui mènent à l'étage, la fille a perdu beaucoup de sa superbe. Elle est là, dans l'entrée de service à l'arrière du Manoir, là, avachie dans le fauteuil Louis Quelque-chose, les jambes stupidement vrillées et la petite robe noire retroussée jusqu'aux limites de la décence, son gros sac panthère encore sur l'épaule, les cheveux dans tous les sens comme après une nuit de cauchemar mais surtout la gueule en sang et des dents en moins.

— En tout cas, elle était drôlement carrossée, la môme..., s'entend dire Armendariz à Brandon Cardella que ça ne fait pas rire du tout. Drôle d'idée quand même d'aller se foutre en l'air dans un couloir...

Cardella, cette fois, acquiesce. Voilà maintenant une demi-heure que les deux flics prennent des notes, cherchent des empreintes, des traces de poudre, des gouttes de sang ou de foutre, bref, effectuent le boulot standard de deux flics autour d'un cadavre encore tiède. Une dizaine d'autres, médecin légiste, criminologues et inspecteurs divers en blousons de nylon frappés L.A. réglementaires, inspectent les dizaines de pièces (trente-trois !) de ce manoir blanc à toit rouge dont le grand luxe est à tout le moins déplacé dans un coin comme Alhambra, pas le bled le plus sexy de tout le comté de

Los Angeles et sans doute celui où l'on compte le moins de vedettes au mètre carré. Sauf, semble-t-il, le propriétaire des lieux, le Pyrenees Castle, un certain Phil Spector dont le nom n'évoque pas grand-chose aux flics qui se sont déplacés. "*Un grossium dans la musique, je crois*", tente Armendariz. Sans succès.

Pour ces flics de Los Angeles, tout a commencé une heure plus tôt par un coup de téléphone reçu au 911. Il est très exactement 5 h 02 du matin ce 3 février 2003 lorsque Adriano de Souza prévient la police que "*(s)on patron a dû tuer quelqu'un. Il y a une femme allongée sur le sol et lui, il a un pistolet à la main*".

Brandon Cardella, qui fait la nuit, comprend illico qu'il est bon pour un paquet d'heures supplémentaires. C'est lui, le premier qui débarque au 1 700 Grand View Drive dont les grilles sont ouvertes et où l'attend de Souza, le chauffeur de Phil Spector. Terrifié, de Souza lui explique avoir paniqué lorsque Spector est sorti par l'arrière de la maison en lui disant d'une voix blanche : "*Je crois que je l'ai tuée...*" Lorsque les renforts arrivent, peu avant 6 heures, tout le monde fait le tour du manoir pour se retrouver sur la petite placette circulaire que les véhicules empruntent pour arriver ou sortir de la propriété sans avoir à effectuer de demi-tour ; pratique. À l'étage, Phil Spector va et vient avant de descendre accueillir ces visiteurs bien matinaux. Malgré le cadavre qui se distingue derrière lui, Spector est d'un calme olympien ; il est comme absent de cette réalité qui se précise – une femme est morte, chez lui, et il a confié à son chauffeur l'avoir "peut-être" tuée. "*Entrez, mais entrez donc ; il fait encore frais dehors*". La femme qui gît dans le fauteuil s'appelle Lana Clarkson et les auditions du chauffeur et de son patron vont rapidement définir comment cette grande blonde s'est retrouvée dans ce fauteuil pour y finir sa vie. Pour l'heure, l'immense baraque est passée au peigne fin.

Lana Clarkson, donc. Une actrice, grande, blonde, sportive et souriante comme Hollywood en attire à la pelle. Avant qu'il soit massacré par une cartouche du Colt Cobra qui gît entre ses jambes, son visage est apparu dans un paquet de publicités et pas mal de séries télé, pour un ou deux épisodes, parfois juste une panouille. Et bien sûr, elle a été la vedette d'une production Roger Corman, cette *Barbarian Queen* de 1985 qui se voulait une façon de *Conan le Barbare* – sans Arnold Schwarzenegger mais avec plein de nénettes à moitié à poil. Un truc qui lui colle à la peau et dont elle ne parvient pas à se dépêtrer – elle en a tourné une suite tout aussi désolante, sept ans plus tard. Plus récemment, une vilaine chute lors d'une petite fiesta lui a fracturé les deux poignets, la plaçant de facto hors circuit pendant près d'un an et expliquant pourquoi elle ne porte désormais plus que des chaussures plates et plus ces fichus talons aiguille.

En ce début 2003, Lana Clarkson se sent à nouveau prête à bouffer le monde et faire plier les studios : elle vient de dépenser un joli paquet de fric en photos promo et s'est même fendue d'un petit film rigolo dans lequel elle vante ses mérites (avec une grosse louche d'autodérision lorsqu'elle évoque *Barbarian Queen*) mais elle revoit vite ses ambitions à la baisse : à déjà quarante ans et forte d'une si maigre filmographie, elle a été contrainte d'accepter un boulot d'hôtesse dans le salon VIP du House of Blues, faux *juke-joint* en tôle ondulée que codirige l'ex-Blues Brothers Dan Aykroyd sur Sunset – et qui les années passant n'a strictement plus rien d'un club de blues. Clarkson se dit que ce n'est pas le plus mauvais moyen de rencontrer des pontes du show-business susceptibles de relancer sa carrière. Et c'est là en effet, à la Foundation Room, l'espace VIP du House of Blues, que Lana Clarkson va croiser la route d'un très célèbre producteur. Mais elle aurait sans doute mieux fait de se recasser les deux poignets ce jour-là. Il s'agit de Phil Spector.

À 6 h 24, ce dimanche 3 février, Lana Clarkson est déclarée morte. Douze heures plus tôt, elle prenait son service au House of Blues au moment même où Adriano de Souza, lui, arrivait à Pyrenees Castle pour préparer la Mercedes de son patron. Phil Spector a des fourmis dans les jambes et l'a retenu pour la nuit. Ça lui arrive trois quatre fois par mois et de Souza est bien content d'arrondir ses appointements de simple valet de parking au Grill on the Alley de Beverly Hills – Spector le paye quarante dollars l'heure, qu'ils roulent ou bien pas. Conducteur d'une grande souplesse et d'une sobriété exemplaire, de Souza est le chauffeur idéal. Il ne moufte jamais. Même lorsque son patron semble avoir picolé plus que de raison. Comme ce dimanche soir où, après chaque nouvelle escale, les effluves de rhum provenant de la banquette arrière se condensent. D'abord à Studio City puis au fameux Grill dont de Souza est l'employé et où ils embarquent une serveuse que Spector a prise en amitié, Kathy Quelque-Chose, qui vient de finir son service. L'équipage se retrouve, au Trader's Vic, le Tikki bar du Berverly Hilton où Spector s'enfile plusieurs navy grog (trois rhums différents plus un peu de miel pour faire passer) dans d'impressionnants verres en forme de fétiche polynésien, en forme de tiki donc. Phil Spector a toujours soif et indique à de Souza la prochaine station de ce qui commence à ressembler à un chemin de croix : chez Dan Tana, le célèbre restau italien de Santa Monica créé par un Américain d'origine serbe, Dobrivoje Tanasijević. Pas de navy grog chez Tana ? Qu'à cela ne tienne, Spector commande des daïquiris, restant en cela fidèle au jus de canne à sucre distillé. Il est près de minuit et demi lorsqu'il sort de la trattoria chicos ; Spector marche encore à peu près droit mais c'est l'haleine chargée qu'il indique à de Souza la prochaine étape : House of Blues.

Le House of Blues se trouve sur le Strip et il ne faut pas cinq minutes à de Souza pour s'y garer. Même si elle porte désormais des chaussures plates pour travailler et même si lui, pour la soirée, s'est coiffé d'une perruque pompadour qui le rehausse quelque peu, Lana Clarkson (cent quatre-vingt-trois centimètres) en impose face à

Phil Spector (cent soixante-cinq) à l'entrée du club VIP. D'autant qu'elle ne sait pas de qui il s'agit :

— Non, désolée, vous ne pouvez pas entrer, vous n'avez pas le bracelet, prévient calmement la jeune femme.

— Je ne porte jamais ce putain de bracelet ! glousse-t-il de sa toute petite voix. Mais vous savez pas qui JE SUIS ?

— Non MADAME, je ne sais pas qui vous êtes.

L'humiliation, l'humiliation à entrées multiples : non seulement cette grande gourde ne sait pas qui il est mais en outre, elle l'a pris pour une gonzesse ! C'est bien la peine de claquer mille dollars par an de cotisation pour se voir refoulé comme un plouc texan ! La plaisanterie fort heureusement ne dure pas car on prévient discrètement Clarkson de sa méprise (“*c'est Phil Spector, un producteur de disques… il est multimillionnaire …*”) et le maigre équipage, Spector flanqué d'une Kathy Machin-Truc qui rêve de retrouver son lit, s'installe à une table de la Foundation Room où, avec toute la déférence qu'il convient, on précise à Spector que, s'ils veulent consommer, ils doivent commander rapidement car l'heure tourne. Pour Spector, ce sera un Bacardi 151, une bombe *hecha en Cuba* qui titre 75,5° (contre 40 voire 50° pour les rhums habituels). Et pour Kathy qui baille comme un four, “*rien, juste un verre d'eau*”. Spector est furieux.

— Tu vas boire un putain de verre ! éructe l'ancienne gloire des studios d'enregistrement, le maître de la chambre d'écho – l'inventeur du Mur du Son, merde !

Philip Spector dont à cette heure de la nuit, la pompadour commence à fléchir.

— Tu veux rentrer chez toi ? Ok, baby, mon chauffeur va te ramener !

Et de confier à Lana Clarkson le soin d'accompagner la pauvre Kathy à la Mercedes. Lorsqu'elle revient, Spector lui propose, lui ordonne presque de boire un verre avec lui mais ça n'est pas permis.

— Ok, mais tu vas finir ton service, là, non ? Ça te dirait de venir boire un dernier verre à la maison ? Comme ça, on pourrait causer un peu…

Il est près de 2 heures et demie du matin lorsque Clarkson et Spector sortent du House of Blues, la première soutenant manifestement le second dont la vessie commence à accuser son absorption massive de spiritueux caribéens. Et avant de retrouver la banquette arrière de la Mercedes, Harvey Philip Spector, soixante-trois ans, se soulage dans les troènes du parking.

— Au château ! Au château ! aboie-t-il à Adriano de Souza qui se dit que peut-être, cette fois, sa journée est sur le point de se terminer : que Spector et la grande blonde vont passer la nuit au Pyrenees Castle et qu'il pourra rentrer chez lui dans la foulée…

Vingt-six kilomètres séparent le House of Blues du Manoir de Spector soit une demi-heure de route, grand max. Le temps pour Spector de montrer ses scènes préférées de *Kiss Tomorrow Goodbye* (“*Le Fauve en liberté*”), un de ses films de chevet, sur son lecteur de DVD portable.

—Ça, c'était du cinéma, jeune fille ! Et James Cagney, un putain d'acteur !

Ça rigole, ça se chuchote à l'oreille et Lana Clarkson se dit sans doute que même un peu moisi et le postiche de travers, le petit bonhomme chargé aux rhums vieux pourrait bien constituer sa porte d'entrée vers le paradis. Elle ne croit hélas pas si bien dire…

Vers 3 heures du matin, de Souza actionne les grilles électriques du Pyrenees Castle et laisse les deux possibles tourtereaux escalader les quatre-vingt-huit marches les séparant de l'entrée principale, Clarkson hissant littéralement Spector tout au long de cet interminable escalier qui compte, c'est amusant, autant de degrés qu'un piano possède de touches.

— Et si on en peignait une sur deux… non sur trois en noir pour indiquer les altérations, songe-t-il dans un brouillard.

De Souza, pendant ce temps, contourne le Manoir pour garer la Mercedes à l'arrière, là où, Spector vient de lui grogner, il va finalement devoir attendre afin de ramener chez elle son invitée. Quand ? Inutile de demander, il n'est que l'employé – et pendant ce temps, l'horloge tourne et la planche à billets aussi, alors…

Dix minutes plus tard, Phil Spector apparaît – seul – à la porte arrière et de Souza lui tend les affaires qu'il a laissés sur la banquette de la Merco : le lecteur DVD mais surtout l'attaché-case au contenu nettement plus intéressant : trois boîtes de Viagra 100 mg, de quoi envisager une fin de nuit mouvementée. De son côté, Lana Clarkson a entrepris de faire le tour du propriétaire, s'extasiant sur la taille et le nombre des pièces, s'arrêtant sur le moindre souvenir et Spector a littéralement tapissé son Manoir de choses lui rappelant sa gloire : une LesPaul Gibson ayant appartenu à John Lennon ("*l'un des Beatles*", est-il obligé de préciser, la gourde), la casquette offerte par Fidel Castro, le disque multi-platine du *All Things Must Pass* de George Harrison ("*un autre Beatles*"...), un rutilant juke-box Wurlitzer farci des quarante-cinq tours l'ayant fait star, de *To Know Him Is To Love Him* des Teddy Bears (1958) à *Imagine* par John Lennon ("*un Beatles, oui, toujours, on n'en sort pas...*") sans oublier la batterie de tubes peaufinée pour les Ronettes à commencer par *Be My Baby* qu'il passe et repasse ad nauseam – doit-on ici rappeler qu'au pic de sa démence, le génie cramé des Beach Boys, Brian Wilson, écoutait lui aussi sans arrêt et à très fort volume ce chef-d'œuvre définissant à lui seul le Mur du Son de Spector ? De là à considérer la chanson comme vénéneuse... Lana Clarkson, elle, commence à s'agacer d'entendre toujours la même rengaine, aussi belle soit-elle.

— Ça date de quand ? ose-t-elle.

— Août 1963...

— J'avais un an… mais je suis sûre de l'avoir déjà entendu pourtant…

Et Spector de décrocher d'un mur le multi-platinum award qu'il a reçu pour les ventes pharaoniques (quatorze millions d'exemplaires !) de la bande originale de *Dirty Dancing* dont *Be My Baby* accompagne brillamment la première scène.

— Mais oui, *Dirty Dancing*, bien sûr ! J'adore.

— Viens boire un verre… et puis tu danseras pour moi, après.

Spector, pressant, entraîne Clarkson dans la pièce la plus étroite du Manoir : le bar, lui aussi tapissé de souvenirs. Spector avec Leonard Cohen, Spector avec Tina Turner, Spector au Rock and Roll Hall of Fame et encore une palanquée de disques d'or, de platine… Et la reproduction XXL du coffret *Back To Mono* compilant ce qu'il a fait de mieux. Autant de souvenirs auxquels il se raccroche, lui dont l'univers ne se conjugue plus qu'au passé. S'improvisant barman, il sert deux grands verres de Southern Comfort, "*idéal pour digérer*". Et vient s'asseoir de l'autre côté du petit comptoir en bois, sur un des trois tabourets, peut-être un peu trop proche de sa convive… Moyennement détendue, Lana Clarkson a l'idée de recentrer la conversation.

— Alors finalement, vous aussi vous êtes dans le cinéma ? susurre-t-elle.

— J'ai même joué dans un film, oui, jeune fille : *Easy Rider* de Dennis Hopper. Tiens, regarde : c'est pas très long mais c'est intéressant…

Phil Spector insére le DVD du film dans son gros lecteur japonais. Avance rapide jusqu'à 2 minutes 35. La scène de deal, "*mon moment*", se termine cent-cinquante secondes plus tard avec l'intro du *Pusher* de Steppenwolf.

— Oh, pas mal du tout en effet, minaude Clarkson. Désolée, je ne l'avais jamais vu. Bon, je termine mon verre et puis je vais rentrer, il se fait vraiment tard, cette fois !

D'autorité, Phil Spector refait le niveau dans les deux verres avant de s'excuser quelques instants… le temps de gagner les toilettes les plus proches. Là, il avale un comprimé de Viagra, se débarrasse de sa protection urinaire, réajuste sa perruque, s'asperge d'Ombre rose, le jus poudré de Jean-Charles Brosseau, et vérifie le résultat dans le miroir : pas trop mal pour soixante-trois ans. Il s'en va retrouver la grande Lana dans ce bar qu'il a voulu exigu, comme un prologue à des débats encore plus rapprochés. D'instinct, Lana comprend que quelque chose a changé. Ce parfum de vieille cocotte d'abord – ou de vieux beau, c'est kif kif – et cette lueur nouvelle dans les yeux du producteur sur le retour.

— Tu m'avais promis de danser, Lana, allons une petite danse et je te laisse partir ! promet Spector.

— Oh non, vraiment, moi mon truc, c'est juste le cinéma.

— Bon et bien alors, juste un petit billard, un petit jeu de la 9 rapide, ça fait passer la boisson.

Contrairement au bar, la salle de billard est immense et entièrement rouge, écarlate du feutre de la table jusqu'aux canapés de cuir disposés tout autour de la pièce. Tout est couleur de sang. Lana Clarkson y a littéralement été poussée par Phil Spector et pour la première fois réellement, il y a eu contact, appuyé plus que fortuit. Bien sûr, du haut de ses cent quatre-vingt-trois centimètres, elle pourrait facilement venir à bout de ce presque vieillard devenu bien trop entreprenant. Et puis, le chauffeur, *comment s'appelle-t-il déjà?*, se trouve à l'extérieur, attendant sagement au volant de la Mercedes pour la ramener chez elle, à Venice. Alors, va pour le billard. Dont elle ne maîtrise plus vraiment des règles que Spector s'empresse de lui rappeler. En se glissant derrière elle pour lui montrer comment tenir une queue, beaucoup, mais alors beaucoup trop près.

— Ça suffit, Phillip, cette fois je m'en vais ! se surprend-elle à crier.

Furibarde, Lana Clarkson laisse tomber la queue de billard sur le feutre rouge, imprime une grande gifle au maître de maison et quitte la pièce. Spector, plus interloqué que véritablement sonné, met quelques secondes à se ressaisir et à la suivre. La voilà qui a déjà traversé le petit bar pour se retrouver dans ce couloir où elle a laissé son sac fourre-tout imprimé léopard. Elle va s'en emparer quand Spector, furibard, la pousse dans le fauteuil avec une violence plutôt inattendue au vu de son gabarit.

—Écoute-moi bien, petite pute : ça fait deux heures que tu joues avec moi alors il serait temps de passer aux choses sérieuses !

En un clin d'œil, il ouvre le tiroir d'une commode Louis XV dont il extrait un petit Colt Cobra, calibre .38, le même modèle que celui ayant servi à Jack Ruby pour abattre Lee Harvey Oswald dans un couloir de la police de Las Vegas, recouvrant d'un voile supplémentaire l'assassinat du président Kennedy. Sonnée par l'enchaînement des évènements autant que par la bête qui semble avoir pris le contrôle de Phil Spector, Lana Clarkson ne se débat qu'à peine lorsque celui-ci s'assoit sur ses cuisses et lui enfonce le calibre dans la bouche, lui pétant direct deux incisives. Dans cette parodie de bagarre, elle laisse aussi un ongle, cassé net. Elle pleure, maintenant, terrorisée.

— Calme-toi, je te dis ! grince Spector. On va juste boire un dernier PUTAIN de verre et je te laisse partir !

Mais le coup part. Et c'est terminé. Lana Clarkson ne bouge plus. Et ne bougera plus jamais. Tétanisé, Spector se redresse d'un élan, prend un pas de recul et constate les dégâts. Non, la grande blonde jamais plus ne bougera. Plus jamais elle ne mouftera et ne lui résistera. Il court à la salle de bains, s'empare d'un de ses protège-slips, le mouille largement dans la cuvette des toilettes et revient débarbouiller la pauvre fille. Avant d'ouvrir la porte donnant sur la placette d'où l'attend de Souza comme pétrifié au volant de la Mercedes, noire comme un corbillard – il a naturellement entendu le coup de feu.

— Je crois que je l'ai tuée, bafouille Spector avant de revenir dans ce couloir pour placer le Colt sous le fauteuil où gît désormais Lana Clarkson.

Et de monter dans sa chambre pour retirer cette veste maculée de sang.

"*Un accident*"…

Yardbird Suite • Four ! Hampton Hawes

Piny

Piny Benzaken n'a pas vraiment pignon sur rue, alors inutile de vous pointer directement dans la petite maison de briques apparentes qui abrite ses activités : Piny Benzaken ne reçoit que sur rendez-vous et ne s'occupera de vous qu'après avoir montré patte blanche – et versé de conséquentes arrhes. Car Piny Benzaken est cher, très cher. "*Dans le monde de la perruque et de l'extension de cheveux, on m'appelle le gourou*", glisse ce taiseux à de très rares occasions. Cet ancien footballeur israélien s'est installé à Beverly Hills au mitan des années 1970 pour se lancer dans la bouclette, sans trop de conviction. Stupéfiant coup de bol, sa première cliente s'appelle Farrah Fawcett. Elle doit commencer une toute nouvelle série pour la télé et a besoin d'une coiffure flamboyante et féline "*qui fasse vrai* ". Piny se sent pousser des ailes, improvise ; on connaît le résultat. Le triomphe de *Drôles de Dames* lance la carrière de l'actrice et, par ricochet, celle de Piny Benzaken, qui se rebaptise vite Piny Beverly Hills. Les pompadours insensées de Liberace et de Dolly Parton, c'est lui ; les douilles longues de Travolta dans *Pulp Fiction*, lui encore – on se doit aussi d'évoquer les excentricités capillaires de Kiss ou de Duran Duran, lui toujours. Bref, de Faye Dunaway à Mickey Rourke, et de Pamela Anderson à Sharon Stone, la liste des clients qu'il revendique sur son site et à l'accueil de l'institut sur Olympic Boulevard est impressionnante. N'y manque finalement qu'un nom, celui de Phil Spector. Pourtant c'est bel et bien à Piny Benzaken qu'on doit ce défilé de perruques complètement dingues qui ont égaillé le procès du producteur, soupçonné de meurtre. Il est vrai qu'elles auront été beaucoup moquées, ces perruques.

Quelques heures après son arrestation par la police d'Alhambra, Phil Spector est libéré de sa garde à vue grâce à la munificence de Robert Shapiro qui a réglé la coquette caution – on parle là d'un million de dollars. Robert Shapiro est un homme rusé doublé d'un puissant avocat, l'un des plus puissants des cinquante dernières années – c'est l'un des principaux artisans de l'acquittement d'O. J. Simpson pour le double meurtre de son épouse et de son petit ami ; un cador. Et le meilleur atout dans la manche de Spector qui, à peine rentré à Pyrenees Castle, s'empresse de reprendre une existence "normale", même si, les premiers temps, des spécialistes de la police scientifique furètent partout, embarquant même la Mercedes pour toute une batterie d'examens approfondis dans leurs locaux.

— Hey, Messieurs, les apostrophe Spector. Pour aller plus vite, commencez par démonter les bas de caisse, c'est là que se trouve la dope ! Ah ah ah !

L'allusion à *French Connection*, le film de Friedkin, n'amuse guère les policiers qui conseillent gentiment à Spector de ne pas rester dans leurs pattes. Alors le producteur sagement, retrouve sa chambre immense et sa télé démesurée où il regarde désormais des films à longueur d'après-midi. Lorsqu'il se lasse, il se rend dans son bureau où parmi d'innombrables souvenirs punaisés au mur (pêle-mêle, des portraits de Lenny Bruce et de Barney Kessel) le nargue un poster où un chimpanzé triste et repus avoue que "*tout ce que je suis aujourd'hui, je le dois au rock'n'roll!*" Au revers de la veste de smoking du singe, le badge rouge et blanc *Back to Mono,* sa marque de fabrique. Un autoportrait anthropomorphique au goût amer mais qu'importe. Spector est gonflé à bloc et son nouveau sport, dans ce grand bureau bordélique, est de bombarder d'emails toutes ses connaissances à propos du décès de Lana Clarkson. "*Starlette sur le retour*", "*pauvre fille*" sont les termes qui reviennent avec le plus de constance. Sa mort? "*Un suicide accidentel*", si tant est que ce terme ait le moindre sens, sans même parler de sa valeur juridique. Il ne reçoit pas beaucoup de réponses, les soutiens sont encore moins nombreux mais c'est ainsi que le printemps succède à l'hiver, et que l'été même pointe le bout de son nez sans que l'enquête ait véritablement avancé, sans qu'il ait lui-même été entendu; ainsi va le temps de la justice. Alors Phil Spector élargit le champ de son audience et parle à la presse, se répand dans *Esquire* notamment, *Esquire* à qui il offre une interview fleuve où il se pose clairement en victime, parlant d'un coup monté pour le discréditer lui, le grand producteur, et rabaissant toujours plus sa blonde invitée d'une nuit, une "*Marilyn Monroe de supermarché*" qui est venue chez lui en toute connaissance de cause et dans un but bien précis. Et puis, Spector aborde des rivages plus troubles lorsqu'il dit avoir vu Lana Clarkson "*placer le revolver dans sa bouche et l'avoir embrassé*". Eros et Thanatos bras dessus-bras dessous en quelque sorte. Sordide.

Il faut attendre le tout dernier jour de cet été 2003, le 22 septembre, pour que le coroner annonce les résultats d'autopsie et requalifie le fait divers en "*homicide*". Deux mois passent encore avant que Phil Spector soit inculpé de meurtre – il risque dix, quinze ou vingt ans de réclusion, voire la perpétuité. Il plaide non-coupable, naturellement. Et, dans une bouffée délirante, vire Shapiro qu'il accuse de tous les maux. Exit Shapiro, bonjour Leslie Abramson, autre surdouée du barreau qui s'avère transie d'amour pour ce nouveau client, "*tellement cool*". Cette fois, Spector sait qu'il ne coupera pas à un procès long et fatigant, alors il s'organise. Première chose : en imposer auprès du jury, paraître mais en majesté, être raccord avec l'image de génie de la musique qu'il se doit de véhiculer, contre vents et marées. Son premier appel est pour Piny Benzaken, le gourou du postiche capillaire.

Le plus gros de la clientèle de Piny Beverly Hills se rend à l'institut d'Olympic Boulevard où une demi-douzaine de salons privés leur offre une discrétion de mise. Phil Spector, lui, convoque le perruquier à Pyrenees Castle.

— Piny, commence Spector, j'ai besoin d'une dizaine de perruques pour me rendre à ce simulacre de justice qu'on me mitonne. Je veux de la gaieté, de la variété, de la couleur car ce n'est tout de même pas un enterrement ! Pour vous aider dans vos recherches, voici les principaux costumes que j'ai décidé de porter pendant cette épreuve. Voyez : rien de triste ! J'ai soixante-trois ans mais c'est encore un gamin qui trépigne là-dedans !

— J'ai quelques idées, réponds Piny. Je vois des boucles, du volume, de la longueur parfois... Je vous rappelle sous huitaine pour vous présenter quelques ébauches. Vous choisirez, on affinera, je reviendrai une fois ou deux et d'ici un mois maximum vous aurez vos dix perruques.

Piny Benzaken est un homme de parole et les petites mains qui travaillent en silence au sous-sol de son institut vont effectuer les trois-huit pour que Harvey Philip Spector soit livré en temps et en heure. Livré et satisfait. Et il l'est, Spector, réglant rubis sur l'ongle les honoraires pharaoniques de Piny Benzaken, lequel s'engage à se rendre à Pyrenees Castle "*autant de fois qu'il vous semblera nécessaire*" pour entretenir lesdites perruques. Nous voilà déjà en mai 2004, quinze mois après la mort de Lana Clarkson ; le défilé peut commencer.

C'est en se rendant à une audience préliminaire, par un beau matin de printemps, que Phil Spector apprend le décès de Barney Kessel. Et alors que le SUV aux vitres teintés glisse sans bruit le long des trottoirs vides de la mégapole californienne, le producteur anéanti par la nouvelle retrouve miraculeusement les progressions d'accords de *Begin the Blues* et de *Yardbird Suite* sur lesquels il s'est tellement abimé les doigts... il y a longtemps, tellement longtemps. Phil Spector en pleurerait – d'ailleurs, il pleure.

Lors de ses premières apparitions au tribunal, Spector opte pour la sobriété chic, costume et chemise à col droit noir, à peine rehaussés par une pochette dorée. Mais l'on ne voit finalement que la perruque, boule de cheveux à dominante blonds comme s'il avait mis ses doigts dans la prise, une apparition qui fait dire à un échotier que "*Phil Spector est déjà passé par la chaise électrique*". D'électricité de fait, il est question dans ces premières auditions puisque Spector accuse la police d'Alhambra de l'avoir tazé comme un vulgaire braqueur en arrivant chez lui au matin du 3 février. Las, en septembre, l'audience préliminaire est levée, Spector est inculpé. Le procès proprement dit peut commencer – ne reste plus qu'à nommer un procureur et constituer un jury. Ce qui va prendre encore de très longs mois. Le temps pour les deux parties d'affûter leurs arguments, de dégainer d'irréfutables arguments, de fourbir leurs armes, bref de faire leur boulot. Et pour Spector, de peaufiner sa tenue. Pardon, ses tenues. Il se sent curieusement serein, sans doute aidé par l'arrivée dans son existence d'une très jeune femme, grande et blonde, et qui ressemble de façon troublante à… Lana Clarkson – ironiquement, ils se sont rencontrés chez Dan Tana, l'avant-dernière station du chemin de croix de Spector, une certaine nuit de février 2003. Elle s'appelle Rachelle Short et son maigre *curriculum vitae* précise qu'elle a un temps frayé avec le batteur des Stray Cats, Slim Jim Phantom. C'est tout ?

C'est tout. Mais c'est suffisant pour le prévenu Spector qui ne va pas tarder à l'épouser.

Lorsqu'enfin le barnum juridique commence vraiment, plus de quatre ans ont passé depuis la funeste nuit. Phil Spector a maigri et les soutiens sur lesquels il croyait pouvoir encore compter dans la profession semblent désormais inscrits aux abonnés absents – fraîchement réélu à la gouvernance de Californie, Arnold Schwarzenegger ne daigne même pas répondre à ses suppliques.

— *Che ne connais pas ze meuzieur*, assure Governator.

Pendant le printemps et jusqu'à la fin de l'été 2007, l'arrivée de Phil Spector au tribunal attire de plus en plus de monde – d'autant que le juge Fidler a donné son feu vert pour que les débats soient filmés. Bien sûr, le meurtre de Lana Clarkson émeut et la personnalité du prévenu interpelle, mais c'est surtout les tenues dans lesquelles va se présenter le producteur qui attisent les conversations. Et comme les musiciens du Gold Star qui tuaient le temps en pariant sur ses atours pendant les sessions avec Leonard Cohen, journalistes et badauds misent qui sur la couleur, qui sur la matière, qui sur les bouclettes. Protégés par deux Blacks colossaux et suivi par la fidèle Leslie Abramson, Phil Spector semble minuscule – se souvient-il à ce moment de ses fort brèves mais bien réelles études de droit ? Rien n'est moins sûr. Costard gris à fines rayures, chemise rose largement ouverte sur son torse cachexique et casque d'or le 7 mai

2007. Même perruque blonde quelques jours plus tard, mais chemise et costume noirs plus cravate blanche. Alors que la défense s'échine à prouver l'illettrisme du chauffeur brésilien et ainsi prouver qu'il n'a pas compris ce que son patron lui disait cette nuit-là ("*Je crois que j'ai tué quelqu'un*"), Phil Spector apparaît dans un camaïeu de bleus avec une cravate blanche large comme une route départementale et un savant toupet pouvant indiquer qu'il sort de la douche. Trois jours plus tard, le costume est gris à fines rayures, la cravate bouton d'or et la chemise terracotta – la perruque, elle, tire nettement sur la serpillère. À l'extérieur, les bookmakers se frottent les mains, tout le monde se marre. Le procès, lui, avance à tout petits pas.

Les experts balistiques succèdent aux témoins de moralité (rares) et aux anciennes petites amies que Spector a menacés soit verbalement soit avec une arme soit les deux (nombreuses, elles), mais malgré l'accumulation des témoignages accablant le petit bonhomme et ses perruques époustouflantes, malgré le véritable arsenal qui a été trouvé chez lui, malgré surtout la quantité astronomique de médicaments qui faisaient son ordinaire (cocktail tassé et explosif de Prozac, Klonopin, Prevacid, Neurotin et Loxitane, sans même parler des flacons d'antispasmodiques pour soulager ses problèmes urinaires et les boîtes de Viagra), l'unanimité ne se fait pas parmi les jurés. De leur propre aveu, c'est l'impasse et le 26 septembre 2007, le juge déclare l'annulation du procès et son report immédiat.

Lorsque les audiences reprennent, le 29 octobre 2008, Phil Spector n'intéresse plus grand monde. Les bookmakers ont déserté le parking du tribunal et le nombre de journalistes présents a fondu comme neige au soleil – les audiences ne sont plus retransmises et le monde entier n'a plus d'yeux et d'oreilles que pour la faillite des banques d'investissement comme Lehmann Brothers. C'est une crise financière majeure qui se profile, avec son cortège d'expropriations, de suicides et de banqueroutes. Phil Spector se sent seul, un grand froid s'est comme abattu sur ses épaules. Il a encore maigri, pris quelques années supplémentaires et doit son résidu de superbe aux seuls costards et perruques qu'il alterne sans l'ombre d'un sourire, désormais. Enfin, le 13 avril 2009, soit deux mille deux cent soixante-deux jours après les faits, Phil Spector est reconnu coupable du meurtre de Lana Clarkson. Six semaines plus tard, le juge Paul Fidler annonce à un Phil Spector d'une blancheur spectrale la teneur de sa condamnation : "*Perpétuité, assortie d'une période de sûreté de dix-neuf ans*". Au moment du verdict, Lana Clarkson aurait eu quarante-sept ans. Le Mozart de la pop music lui a soixante-neuf ans. Il ne pourra pas sortir de prison avant ses quatre-vingt-huit printemps.

Here in My Heart • Rachelle Spector

Rachelle

Selon les estimations les plus sérieuses, sept mille nouveaux albums sont sortis aux États-Unis en 2010. Ce qui représente une chute de plus de 20 % par rapport à l'année précédente mais reste foutrement impressionnant. Car, comment s'imposer dans cet océan, comment faire entendre sa voix ; se démarquer ? Surtout quand la concurrence en cette année 2010 s'appelle Eminem (*Recovery*), Kanye West (*VH1 Storytellers*) ou l'étonnante Susan Boyle, surgie de nulle part mais auteure du hold-up de saison avec son *I Dreamed a Dream* ? En deux mots : comment vendre son disque ? Rachelle Spector, née Short, a bien une petite idée. On va y venir.

En termes de superficie et pour rester un instant dans les chiffres, le Corcoran State Prison est le plus grand pénitencier de tout le pays – mais pas le plus peuplé, environ trois mille détenus, exclusivement mâles. Il doit sa renommée à quelques prisonniers stars façon Charles Manson ainsi qu'à l'extrême violence dont a parfois fait preuve le personnel pénitentiaire. Eu égard à sa pharmacodépendance et à son alcoolisme, c'est dans le service dédié au traitement des toxicomanes qu'est incarcéré Phil Spector comme le fût Robert Downey Jr. dix ans plus tôt. On l'appelle Corcoran II, les deux établissements se faisant face. À son arrivée, il est débarrassé de tous ses effets personnels, ce qui comprend naturellement sa perruque.

— Mais ce n'est pas une perruque, ce sont mes vrais cheveux, brame-t-il aux matons qui lui ordonnent de retirer son postiche. Ce sont mes vrais cheveux… mes vrais cheveux.

Harvey Philip Spector est en pleurs lorsqu'on finit par lui arracher son majestueux toupet pour aller se faire tirer le portrait à l'identité judiciaire. Il ne faut pas une semaine pour que son ''*mugshot*'' fasse florès sur les réseaux sociaux, amenant une fin pathétique au défilé de perruques (et de costumes) arborés par Spector durant le procès et dont s'est gaussé la terre entière. Phil Spector à nu, c'est un vieux bonhomme décharné, au menton inexistant et à la bouche fine, sans oublier de gros yeux absents surmontés d'un front monumental et parfaitement lisse. Seul l'arrière de son crâne abrite des cheveux qu'il a suffisamment longs pour masquer des oreilles proches de la lycanthropie. Ainsi immortalisé, dans le secret de ce pénitencier californien, Phil Spector a perdu beaucoup de sa morgue. Et la photo, face-profil, se retrouve très bientôt sur des t-shirts et des mugs, aussi banalement effrayante que celles des cannibales, des gourous zinzins et des membres tatoués des Crips qui hantent le Corcoran State Prison, là-bas, au sud de Fresno, loin bien loin d'Alhambra, plus loin encore de Hollywood et de sa vie d'autrefois. Pour Spector, la vérité terrible prend forme : isolé là pour au moins dix-neuf ans ("*quinze, peut-être*", lui a glissé Leslie Abramson dont c'est promis, juré ! c'est la dernière affaire), on va vite l'oublier. À moins que…

En tant qu'épouse, Rachelle Spector a obtenu immédiatement un droit de visite et dans un premier temps – ce qui lui coûte quand même sept heures de bagnole pour effectuer l'aller-retour Alhambra-Corcoran, elle va en user. Convoquant la presse après chaque parloir, montant en épingle le moindre pet de travers, tentant maladroitement d'ajouter quelques lignes à la biographie de celui qui n'a plus de vie. Ainsi, Phil Spector aurait été roué de coups pendant une promenade :

— Wow ! on dirait Little Richard ! Tu devrais faire des disques, mon grand ! aurait-il lancé à la face d'un grand Black efféminé.

L'anecdote est savoureuse mais peu probable car on n'imagine pas un maigrichon de soixante-dix ans prendre un tel risque. Oui mais voilà, si c'est le seul moyen pour elle de faire exister son mari, Rachelle Spector continuera de travestir la vérité – ses ecchymoses bien réelles seraient dues à une chute bête dans un escalier. À moins que, disions-nous. À moins que Rachelle parvienne à replacer Phil Spector à sa juste place : celle de producteur béni des dieux.

— Phil chéri, j'ai eu une idée, lui lance-t-elle d'entrée lors du dernier parloir d'avant la Noël 2009. Une merveilleuse idée, je pense. Je vais enregistrer un album que tu vas produire !

— Rachelle chérie, s'excuse presque Spector, c'est en effet une idée merveilleuse mais ne crois-tu pas que ma condition actuelle et l'éloignement forcé qui en découlent soient de nature à nuire à l'entreprise, à la compromettre même sérieusement ?

— Écoute, chéri, tente de le rassurer Rachelle. J'ai rencontré un musicien fantastique, enfin, pas aussi fantastique que toi, bien entendu, mais un très très bon. Il s'appelle Kevin Savigar…

— … jamais entendu parler, le coupe Spector.

— C'est le clavier de Rod Stewart depuis un paquet de temps, précise la blonde épouse. Il m'a écrit une dizaine de chansons, vraiment pas mal, et j'ai obtenu de l'administration pénitentiaire que tu puisses bientôt bénéficier d'un iPod pour en juger.

Phil Spector est amoureux de Rachel. N'a-t-elle pas passé son brevet de pilote pour le rejoindre désormais en monomoteur à hélice depuis Los Angeles ? Rachelle en outre reste son seul porte-parole dans le monde libre. Son unique appui. Alors, va pour l'iPod, va pour les chansons du gars Savigar, va pour tout. Et pendant des semaines, Phil Spector va écouter les maquettes que son épouse a chargées sur l'iPod désormais autorisé. Prendre des notes, penser à des idées d'arrangements et transmettre vocalement le tout à Rachelle qui elle-même les retranscrit à Kevin Savigar. Bien entendu, avant même que l'affaire soit bouclée, la jeune femme donne quelques interviews, affirmant que Phil Spector "*est encore plus excité par le projet qu'il ne l'a été avec les Beatles et Tina Turner !* " (sic). Et le 20 juin 2010, l'album "*tant attendu*" est démoulé dans les bacs et atterrit sur les toutes premières plateformes de streaming, Rhapsody, Napster, l'iTunes Store et Spotify.

Dans une explosion de magenta criard, la pochette montre une Rachelle Spector explosant une vitre d'un furieux bien qu'improbable *mae geri*. La titraille, elle, est on ne peut plus claire : "*A Phil Spector Production – RACHELLE SPECTOR – out of my chelle*". Sur le verso, il est précisé que Phil Spector est non seulement producteur de la chose mais également ingénieur du son – une chose est certaine, c'est bien son mari détenu au pénitencier de Corcoran qui a inspiré une bonne partie des chansons, du moins des textes ("*Baby, il y a quelque chose de profond entre nous (…) tu es avec moi nuit et jour, où que tu te trouves*") parce que pour le reste… les disc jockeys ont beau retourner l'objet dans tous les sens, écouter et réécouter tous les titres, impossible de trouver la moindre parcelle de ce qui faisait Phil Spector même dans ses plus mauvais jours. Ici, la voix est généralement corrigée à l'AutoTune, les cordes sont synthétiques et le résultat pitoyable. C'est ringard et n'a évidemment aucune chance face à Nicki Minaj, Lana Del Rey, Rihanna, Katy Perry, Shakira ou la susnommée Susan Boyle, pour s'en tenir aux seules chanteuses – malgré le nom de Spector, le clip de *Here in My Heart* est refusé par MTV – peut-être bien parce que l'indélicate Rachelle n'a pas hésité à s'y mettre en scène sur les lieux du crime, oui, Pyrenees Castle. C'est un camouflet, si l'on ose dire… Dès la rentrée de septembre, "out of my chelle'' disparaît des sujets envisageables durant les parloirs hebdomadaires – comme si tout cela n'avait jamais existé.

— On aura fait un beau rêve, conclut Spector à la fin de l'été – rideau tiré, fin de l'histoire.

Dans sa cellule, Phil Spector ronge son frein. Comme on peut s'en douter, il dort très mal et sa santé s'en ressent. Son look surtout. Au terme d'une demi-douzaine de visites au cabinet dentaire du centre pénitentiaire, il s'est fait poser un dentier qui tarde à se faire accepter dans sa bouche minuscule – il passe la moitié du temps sans. Il n'a désormais plus un poil sur le caillou et le cocktail Loxitane-Prozac qu'on lui prescrit à dose massive lui donne un air un peu niais, façon "ravi de la crèche". Les pensées de Phil Spector sont pourtant noires comme l'encre. Face à sa paillasse, il a accroché un calendrier mural d'où il peut embrasser toute l'année en cours. Et sur lequel il a noté le jour anniversaire de ses morts, du 5 janvier (Sonny Bono) au 25 décembre (Philip Spector Jr.) en passant par le 15 avril (Joey Ramone) ou le 14 décembre (Ahmet Ertegün), sans oublier le 20 avril (son père), le 3 août (Lenny Bruce) et le 8 décembre (John Lennon) – singulièrement, la case du 3 février demeure vide, comme si Lana Clarkson, suprême injure, n'avait jamais existé. Le temps passant, chaque semaine lui apporte une nouvelle case à cocher, un nouveau nom à graver sur ce cénotaphe de carton au point qu'il devra bientôt en commander un deuxième – mais ça passe le temps. Parce qu'on a beau dire, le temps de la justice est souvent très lent, mais celui de la prison est carrément à l'arrêt. L'appel à la prière pour la population musulmane démarre la journée au lever du soleil, bientôt suivi par la distribution des médocs puis du petit-déjeuner, la promenade pour laquelle il a obtenu une suspension à long terme, le déjeuner, la sieste, etc… Mortel.

Les années passent, les amis aussi. Les innombrables courriers qu'il envoie à ses avocats comme à la presse ou à l'administration pénitentiaire restent à peu près sans effet – pas de libération conditionnelle prévue avant 2024. Ouch ! Phil Spector ne reçoit pratiquement pas de lettre. Une pourtant l'a touché tout particulièrement. Elle est brève mais l'on sent bien que chacun des mots qui la composent a été longuement pesé.

"*Cher Phil,*

Je sais les temps difficiles que vous traversez et il n'est ni dans mon intention ni dans mon pouvoir d'en analyser les causes. Il y a bien longtemps, je n'ai pas eu de mots assez durs pour qualifier le travail de postproduction que vous aviez effectué sur l'album Let It Be *et en particulier sur ma chanson* The Long and Winding Road *que je trouvais monstrueusement boursouflée par la section de cordes et la harpe au point que j'ai fait remixer tout le disque il y a quelques années pour en offrir ma vision. Alors que nous avons tous deux atteint le crépuscule de nos vies, j'ai révisé le jugement quelque peu péremptoire du jeune homme que j'étais alors et je pense aujourd'hui que les deux versions de* Let It Be *ont le droit d'exister, la vôtre comme la mienne. Côte à côte.*

Sincèrement,
Paul McCartney"

La lettre est depuis lors scotchée au mur. C'est peut-être son plus beau trophée et il la fera encadrer pour figurer en bonne place dans son petit musée personnel, lorsqu'il reviendra à Pyrenees Castle, dont s'occupe encore un peu Rachelle. Et ça lui prend énormément de temps, à Rachelle, de s'occuper ainsi du Manoir et de ses trente-trois pièces. Tellement de temps qu'elle espace de plus en plus ses visites sous des prétextes de plus en plus fallacieux et le pauvre Spector, longtemps aveuglé par l'amour, doit se rendre à l'évidence : voilà six ans qu'il croupit dans un pénitencier d'état pendant que sa jeune épouse l'attend, l'attend.

— Tu es encore très jeune, commence Spector lors d'un parloir estival. Je suis moi-même très vieux… si, je ne me fais pas d'illusions. J'ai encore huit ou neuf ans à tirer, tu auras alors la quarantaine – moi le double. Refais ta vie maintenant, divorçons bons amis, je ne t'oublierais pas, financièrement, en tout cas. Tu n'auras pas à le regretter. Réfléchis.

Rachelle ne met pas longtemps à se décider et à peine rentrée à Pyrenees Castle, elle contacte son avocat. Moins d'une semaine plus tard, le formulaire de Marital Settlement Agreement parvient entre les mains de Phil Spector. Six mois après, le divorce est prononcé. Nous sommes en 2016. Phil Spector respire mais il n'est pas au mieux, médicalement parlant. D'inquiétants polypes se sont installés dans sa gorge, faisant craindre une perte définitive de l'élocution, mais son transfert au California Health Care Facility à Stockton, dans la grande périphérie de San Francisco, a stoppé net leur évolution et le vieux producteur parle à nouveau intelligiblement. Question audition, en revanche, il est désormais appareillé. Curieusement, il reprend du poil de la bête et lorsque la covid pointe le bout de son nez jusque dans les pénitenciers californiens, y faisant deux cent soixante-trois décès, Phil Spector, désormais octogénaire, passe au travers. Et la nouvelle tant espérée arrive enfin : sa libération sur parole aura lieu le 16 août 2024.

"*Le 16 août*, songe Spector. *Le jour anniversaire de la mort d'Elvis… sacré symbole*".

Just Like a Woman • Bob Dylan
(*The Concert for Bangladesh*)

Bob

Le tour de taille de Piny Benzaken s'est épaissi au même rythme que son compte en banque – à croire qu'il s'était mis au manischewitz… pour trinquer à chaque perruque vendue. La déplorable publicité faite à ses créations capillaires pendant le procès de Spector l'avait un rien refroidi – bien que grâce à son entregent, son nom n'apparut pratiquement jamais dans les médias californiens comme nationaux. Et c'est avec un sincère étonnement qu'il a reçu ce bref mot en provenance de Pyrenees Castle :

"Cher Monsieur Piny,

Merci de me rappeler pour convenir d'un rendez-vous rapide au château afin de rafraîchir les perruques de Monsieur Spector, de retour parmi nous à la mi-août.

Sincèrement,

Leslie Abramson"

Par un curieux clin d'œil du destin, l'avocate Leslie Abramson a elle aussi échoué à Alhambra, pas dans un luxueux nid d'aigle comme celui de Phil Spector, mais dans une villa à un étage qui correspond mieux à l'argent qu'elle a pu mettre de côté car oui, Leslie Abramson a pris sa retraite – elle avait juré que Spector serait son tout dernier client, ça a été le cas. Mais par admiration pour le producteur qu'il fut, et parce qu'elle est veuve depuis peu, elle continue de loin en loin à s'occuper un peu de ses affaires, surtout depuis le divorce et le départ de Rachelle.

Abramson a embauché un nouveau majordome, fait réviser la Mercedes – la Rolls ayant depuis longtemps été vendue par Rachelle – et donc contacté Piny Beverly Hills pour qu'il retape trois ou quatre perruques ainsi que lui a demandé Phil Spector dès l'annonce de son élargissement.

— Et puis, a-t-il ajouté, faites ajuster deux ou trois costumes car j'ai pas mal décollé ces derniers temps.

Finalement, rien n'a vraiment changé à Pyrenees Castle, n'était la moquette de l'entrée, "*impossible à ravoir*", selon la dernière femme de ménage en date, et qu'on a fait remplacer par un élégant carrelage plus facile à éponger en cas d'épanchement intempestif. Depuis la mort de Godzilla, de Laurel et de Hardy, les trois iguanes, le grand vivarium a également disparu et Rachelle à l'acmé de son mariage a fait moderniser la cuisine mais pour le reste non, tout est là ; depuis son départ, rien n'a changé. Et Phil Spector, après son grand tour inutile derrière les barreaux des pénitenciers californiens retrouvera son chez lui comme il l'avait laissé. En un peu plus vide, en franchement moins pratique – il y a volées de marches un peu partout. Probable qu'on devra faire installer un monte-escalier à moyen terme.

Sous la toise, il dépasse Spector de quatre petits centimètres mais pour l'état civil, ils n'affichent pas dix-huit mois de différence. Bob Dylan est un autre de ces frères que s'est inventés le producteur, un de ces frangins dont il a parfois aimé la compagnie, parfois moins, qu'on se remémore John Lennon ou Leonard Cohen. Mais la rencontre avec ce frère-là n'a jamais vraiment eu lieu. Oh, évoluant dans le même milieu, fréquentant parfois les mêmes studios et les mêmes musiciens, il leur est arrivé d'échanger quelques phrases, leur mystère respectif les faisant dans le même temps s'aimanter et se repousser. Des rendez-vous manqués ; une rencontre ratée comme ce *Concert for Bangladesh* – fomenté par leur ami commun George Harrison – et sorti sous forme d'un triple album que Spector a produit après coup, en studio, sans même y assister. Et pourtant… pourtant, ces deux-là se sont désirés, se sont flairés le cul à distance, alors quand il apprend que Phil Spector va être libéré après quinze ans dans des prisons d'état, Bob Dylan a une idée – et même, ce qui n'est pas son genre, un peu de remords n'ayant, comme tant d'autres, pas eu le courage d'envoyer un petit mot d'encouragement et ne le citant qu'en une demi-phrase dans sa récente *Philosophie de la chanson moderne* (éditions Fayard), autrement dit rien ou pas loin. L'idée : proposer au jeune libéré de produire son prochain album, ni plus, ni moins. Mais ce, dans le secret le plus opaque, dans le plus pur style Dylan.

Orin Snyder fait partie du célèbre cabinet d'avocats Gibson Dunn dont le siège new-yorkais se trouve sur

Park Avenue, dans l'ancien Pan-Am Building et dont les fenêtres, détail amusant, donnent sur celles derrière lesquelles Phil Spector venait s'allonger lorsqu'il consultait son psychiatre, Harold Kaplan. Bob Dylan est l'un des plus célèbres clients d'Orin Snyder à qui il arrive aussi de défendre Bruce Springsteen, Paul Simon, Cindy Crawford, Lady Gaga et même les Rolling Stones. C'est un cador. Et c'est lui que Dylan a mandé pour se rapprocher de Spector et c'est avec lui que Leslie Abramson va monter le petit stratagème.

Au matin du 16 août, Harvey Phil Spector est plus que prêt – il n'a littéralement pas dormi de la nuit mais qu'importe. Dans une heure tout au plus, il sera dehors. Pas dans la courette ridicule où les balèzes intégralement tatoués sculptent leurs biscottos entre des paniers de basket, non, dehors, dans le monde des vivants. Par dérogation spéciale et eut égard à son désormais grand âge ainsi qu'à sa bonne conduite, Leslie Abramson a pu faire parvenir deux costumes plus une paire de perruques au greffe. Comme on pouvait s'y attendre, les costumes même retouchés sont beaucoup trop grands – Spector nage dedans. Mais enfin, c'est tout de même mieux que les affaires avec lesquelles il est arrivé onze ans auparavant et qu'il a retrouvées toutes chiffonnées et dégageant une salle odeur de moisi.

— Vous pouvez les garder, siffle Spector entre ses fausses dents.

Pour la perruque, Phil Spector opte pour le modèle mi-long qui hésite entre le brun et le blond mais qui fera office de cache-misère. Et c'est la sortie.

— C'est déjà fini, s'entend-il penser à mi-voix alors que le soleil californien agresse ses rétines et réchauffe sa peau de noyé.

Naturellement, Phil Spector songe moins aux onze années qui viennent de se dérouler qu'à la quarantaine de minutes qui ont passé depuis sa sortie de cellule. Leslie Aramson, comme elle s'y était engagée, est là. Le moteur d'une limousine de location tourne déjà. Le chauffeur est imperturbable – il n'a jamais entendu parler de Phil Spector.

— Un avion nous attend à l'aéroport de Stockton, précise l'avocate. Nous serons à Pyrenees Castle dans un peu plus de deux heures. Ça ira, Phil ?

Le Centre où Spector a passé ses dernières années se situe à moins de trois kilomètres de l'aéroport de Stockton et il a tôt fait de se retrouver sanglé dans le profond fauteuil de cuir du Challenger 350 de Bombardier.

— Puis-je ?

Phil Spector n'a pas immédiatement reconnu le bonhomme qui vient de lui poser cette question et n'a pas attendu la réponse pour s'installer face à lui. Il est vieux lui aussi, un brin voûté, tout de noir vêtu jusqu'aux lunettes de soleil, c'est un cow-boy usé jusqu'au Stetson. Et puis, le vieux producteur a une révélation :

— Bob ?

Table des matières

Éditions Erick Bonnier
5, rue du Helder
75009 Paris

N° d'impression :